Die unantastbaren Diener Gottes

Bibliografische Information der Deutschen Nationalbibliothek

Die Deutsche Nationalbibliothek verzeichnet diese Publikation in der Deutschen Nationalbibliografie; detaillierte bibliografische Daten sind im Internet über http://dnb.dnb.de abrufbar.

ISBN Softcover: 978-3-7528-8095-3

Cover: Jacqueline Spieweg
Herstellung und Verlag: BoD - Books on Demand, Norderstedt

Printed in Germany

»Solange eine Kirche ihre Hoffnung darauf setzt, reich zu sein, ist Jesus nicht darin zu Hause.«

Papst Franziskus
in dem Film von Wim Wenders:
»Ein Mann seines Wortes«

Inhalt

Das Wort zum Anfang

Das Apostolische Glaubensbekenntnis

Ich glaube an Gott, den Vater, den Allmächtigen, den Schöpfer des Himmels und der Erde, / und an Jesus Christus, seinen eingeborenen Sohn, unsern Herrn, / empfangen durch den Heiligen Geist, geboren von der Jungfrau Maria, / gelitten unter Pontius Pilatus, gekreuzigt, gestorben und begraben, / hinabgestiegen in das Reich des Todes, am dritten Tage auferstanden von den Toten, / aufgefahren in den Himmel; er sitzt zur Rechten Gottes, des allmächtigen Vaters; / von dort wird er kommen, zu richten die Lebenden und die Toten. / Ich glaube an den Heiligen Geist, / die heilige katholische Kirche, Gemeinschaft der Heiligen, / Vergebung der Sünden, / Auferstehung der Toten / und das ewige Leben. / Amen.

So manches Mal habe ich in der Kirche gesessen, mir Predigten angehört, bin nach Hause gegangen und habe nicht weiter über das Gehörte nachgedacht. Seit frühester Kindheit habe ich die Regeln des Christentums - insbesondere die der katholischen Kirche - gelernt, sie nie infrage gestellt und noch seltener »gemeutert«. Sakramente waren für mich vollkommen normale und gottgewollte Angelegenheiten, und nur zögerlich entwickelte sich mein Bewusstsein, als

Frau wenig gleichberechtigt und deutlich eingeschränkt zu sein.

Mein durch die Kirche geprägtes Bild eines Gottes, der voller Eigenschaften war, die ich für einen Vater wenig attraktiv fand, ließ mich nie einen Zugang zum wirklichen Glauben finden und war meinem durchaus als gering zu bezeichnenden Selbstbewusstsein wenig zuträglich. Erst ein harter, lehrreicher und sehr spannender Lebensweg ermöglichte mir, mich selbst als geliebte und liebenswerte Schöpfung wahrzunehmen. Und mit dieser Erkenntnis begann mein Hinterfragen altbekannter Werte, auch der kirchlichen …

Ich bin keine Theologin, ich bin stinknormales Gemeindemitglied und zudem einfach in der Lage zu erkennen, dass Eins und Eins gleich Zwei ist. Und so musste ich feststellen, dass Jesus zur Bergpredigt keine Übersetzer mitgenommen hatte, die den Zuhörern den Sinn seiner Worte erklärten. Ich fand heraus, dass er einem Fischer, der meinen intellektuellen Fähigkeiten mit Sicherheit unterlegen gewesen ist und zudem Jesus offen aus Angst verleugnet hat, seine Nachfolge anvertraut hat. All diese Menschen hatten kein

Theologiestudium absolviert, haben nicht stundenlang diskutiert und es trotzdem geschafft, eine Christengemeinde aufzubauen, mit der eine Weltreligion ihren Anfang nahm. Sie hatten nur die Worte Jesu. Nicht mehr, nicht weniger.

Und so dachte ich mir, dass es vielleicht sinnvoll sein könnte, genau *so* wieder anzufangen. Bei Null, ohne Vorbelastung, ohne irgendein System und ohne jemanden, der mir vorkaut, was eigentlich gemeint ist.

Und so begann meine Auseinandersetzung damit, ob die katholische Kirche, der ich angehöre, wirklich eine Nachfolge Jesu lebt:

Stellen Sie sich vor, Ihnen berichtet jemand von einer Gemeinschaft, die sich allwöchentlich trifft, sich Nächstenliebe auf die Fahne geschrieben hat und Mitarbeiter beschäftigt, die in der Lage sind, Ihnen angeblich den Zugang zum Paradies zu ermöglichen. Stellen Sie sich weiterhin vor, man würde Ihnen erklären, dass Sie bestimmte Aufnahmekriterien erfüllen müssen, um Teil dieser Gemeinschaft werden zu können. Sie dürfen weder homosexuell noch geschieden sein, dürfen nur an das von der Gemeinschaft geduldete Wissen glauben und müssen nebenbei bereit sein, ab sofort auf jegliche Verhütungsmethoden zu verzichten. Sind Sie weiblich, müssen Sie sich nebenbei noch innerhalb der Gemeinschaft den Männern unterordnen, haben kein Wahlrecht bei der Wahl des Präsidenten und müssen sich einer eigenen Gerichtsbarkeit dieser Gemeinschaft unterstellen. Für all dies zahlen Sie einen monatlichen Spottpreis von rund neun Prozent Ihres Bruttos, wofür Sie aber – auf Ihr gesamtes Leben verteilt – als Frau sechs, als Mann sieben Dienstleistungen in Anspruch nehmen dürfen, die meisten davon bestehend aus einer maximal einstündigen Veranstaltung. Außerdem dürfen Sie, wann immer Sie möchten, den gemeinschaftlichen Treffen, in der Regel wöchentlich, beiwohnen.

Wie wäre Ihre Reaktion?

Ich gehe davon aus, dass die meisten von Ihnen empört wären, von Wucher und mittelalterlichen Zuständen sprechen und unter Mitleidsbekundungen das Gespräch beenden würden.

Doch nicht nur dieser objektive Blick auf die Strukturen der katholischen Kirche verursachte mein unerwartetes kritisches Hinterfragen. Insbesondere das unbeeinflusste Herangehen an meine eigenen Werte, deren Erkennen und Neudefinition ließen ein Überprüfen von Aussagen der Bibel über einen liebenden Gott und deren Umsetzung innerhalb der Kirche zu. Und siehe da: Ich war erstaunt, wie offensichtlich die wenig biblischen Vorgehensweisen dort sind und wie unkritisch ihre Mitglieder mit ihrem Glauben an aufgestellte Regeln, Werte und Verfahren umgehen. Doch niemand schien dies ändern zu wollen oder gar zu bemerken.

Es ist heutzutage immer noch eine Mutfrage, sich offen gegen die katholische Kirche zu stellen, und so durfte auch ich mehrfach erfahren, dass Kritik und selbstständiges Denken dort wenig gefragt sind. Trotzdem möchte ich Sie heute in meine Gedanken mit einbeziehen in der Hoffnung, dass wir alle wieder zu dem Glauben und zu dem Gott zurückkehren, den Jesus uns gepredigt hat, dem Vater, der den Menschen glücklich sehen will, die allumfassende Liebe, die das einzige Heilmittel einer weitestgehend lieblosen Welt ist.

Es ist mir wichtig festzustellen, dass mir nichts ferner liegt, als die katholische Kirche abschaffen zu wollen. Auch halte ich nicht alle

Verantwortlichen in den Führungsebenen für schlechte Menschen. Doch ich halte sie eben für Menschen! Mit eigenen Prägungen, Werten und Bedürfnissen und mit eigenen Interessen, die sie, genau wie ein jeder von uns, mehr oder weniger durchzusetzen versuchen.

Mein Ziel ist es, den denkenden Menschen herauszufordern, sich seiner Verantwortung bewusst zu werden und die Kirche an ihren Ausgangspunkt zurückzubringen: Den Glauben an einen liebenden Gott und an Jesus, der mit seinem Leben und Sterben das Vorbild für den einzigen Lebensweg geliefert hat, der wirklich zu Gott führt: bedingungslose Liebe.

Die Geschichte des Gottessohnes

Will man sich ein Urteil über das Übereinstimmen von Werten der Bibel mit Werten der katholischen Kirche machen, ist es unerlässlich, die Aussagen der Bibel genau unter die Lupe zu nehmen. Damit meine ich nicht, dass jeder Interessierte nun ein Theologiestudium absolvieren muss. Nein, dies wäre wohl auch eher hinderlich als förderlich in dieser Sache. Denn bedenkt man den Wissensstand der Protagonisten mehrere tausend Jahre zuvor, bedenkt man zudem, wie sie gelebt haben und unter welchen Voraussetzungen sie ihren Glauben praktizierten, muss man zu dem Ergebnis kommen, dass auch ein theologisch vollkommen ungebildeter Mensch diese Berichte richtig verstehen können muss. Oder können wir wirklich glauben, dass Moses auf dem Berg Sinai bei der Frage nach Gottes Namen von diesem eine Antwort bekam, über die er erst diverse Abhandlungen lesen musste und die er philosophisch durchleuchtet hat?

Wir können also aus rein logischen Gründen davon ausgehen, dass sowohl Gottes Worte und Taten im Alten Testament als auch die von Jesus für jeden von uns verständlich sind.

Der Gott des Alten Testaments scheint vordergründig ein absolut anderes Wesen zu sein als der des Neuen Testaments. Hier wimmelt es von Katastrophen, Bestrafungen, unglaublichen Forderungen und Regeln. Der liebende Gott, den das Neue Testament darstellt, ist hier nur sehr selten zu finden.

Schaut man jedoch ein wenig genauer und bedenkt man, dass Übersetzer immer eine bestimmte Intention verfolgen, die bei ihrer Wortwahl eine Rolle spielt, ist dieser Gott gar nicht so anders. Er versucht, wie ein Vater es tun sollte, die Menschen auf den Weg der Liebe zu bringen. Er beschützt die, die in Liebe handeln, und vernichtet die, die es nicht tun und auch keine Chance mehr auf Erfolg haben. Einfach, unkompliziert und völlig nachvollziehbar.

Seine Regeln, die er zum Beispiel durch die Zehn Gebote aufstellt, sind durchaus einzuhalten und weniger Vorschriften also logische Konsequenzen aus einem Leben in Liebe. Und so gehen neueste Übersetzungen auch davon aus, dass das »Du sollst nicht …« wohl eher mit einem »Du wirst nicht …« zu beschreiben ist, dem immer ein »Ich bin der Herr, Dein Gott …« vorangestellt ist. Dies hat keine andere Bedeutung als die, dass ein Mensch, der in bedingungsloser Liebe lebt, nur in einer bestimmten Weise handeln kann. Von Forderung keine Spur. Und somit hat Gott auch hier keine Gebote aufgestellt, die niemals zu erfüllen sind, sondern lediglich darauf hingewiesen, dass die Menschen diese zehn Dinge NICHT tun werden, wenn er als die allumfassende Liebe in ihrem Leben HERRschend ist.

Das Alte Testament erwähnt oft den Wunsch Gottes, dass der Mensch glücklich sein möge. Während diese Teile gerne unterschlagen werden, werden andere hingegen immer wieder als Beweis für die Grausamkeit Gottes herangezogen. Das berühmte »Auge um Auge, Zahn um Zahn« ist wohl der am meisten zitierte Satz, der jedoch weniger von Gott selbst stammt als von Rechtsreformern der damaligen Zeit, die die Blutrache abschaffen wollten. Und auch die Zerstörung ganzer Städte oder allen Lebens wird immer wieder als Beweis genommen, dass Gott rachsüchtig, willkürlich, wütend und gewalttätig ist.

Man könnte über die offensichtlichen Gründe eigene Bücher schreiben, ebenso über die einzelnen Forderungen und Entscheidungen

Gottes. Zum Verständnis reicht es meines Erachtens nach jedoch völlig, wenn man sieht, dass Gott immer wieder auf den Weg der Liebe hinweist und erst bei vollkommener Abwesenheit dieser Liebe zu anderen Mitteln greift. Und ob überhaupt ER dies tut, ist eine weitere interessante Frage, denn das vollständige Fehlen von Liebe muss – auch ohne ein Zutun Gottes – zu Zerstörung und Tod führen. Nichts anderes sehen wir in der heutigen Zeit.

Gott selbst jedoch beantwortet die Frage nach seinem wirklichen Wesen umfassend, wenn auch recht kurz: Als Moses ihn auf dem Sinai nach seinem Namen fragt, antwortet er: »Ich bin der Seiende«. Diese Stelle hat unzählige Übersetzungen. Mein Favorit ist jedoch: »Da sprach Gott zu Mose: ›Ich bin, der ich bin.‹ Dann sprach er: ›So sollst du zu den Söhnen Israel sagen: Der *Ich bin* hat mich zu euch gesandt.‹«[1]

Gott sagt hier über sich selbst, dass er IST. Nicht, was genau, welchen Namen er hat, über welche Attribute er verfügt. Er sagt über sich selbst, dass er ALLES ist. Die Bedeutung dieses Satzes ist enorm, denn sie verdeutlicht den Unterschied

---

[1] 2. Moses 3,14

zwischen Gott und den Menschen, erklärt die Notwendigkeit der Dualität, in der wir leben, die Existenz eines einfachen Seins. Zudem macht diese Aussage klar, warum jedes von Gott existierende Bild, jede noch so kleine Vorstellung einfach nur falsch sein kann. Denn er hat keine Charakteristika und gleichzeitig IST er alles. Gott straft mit diesem kurzen Satz alle Lügen, die Aussagen über sein Wesen treffen, und vereint gleichzeitig jede noch so winzige Eigenschaft in sich, sei sie nun positiv oder negativ behaftet. Doch alles, was rein körperlich und ohne Bezug zur Seele ist, schließt er dadurch aus seinem Sein aus. Denn dies gehört in den Bereich der Erfahrung, die nur in der Dualität gemacht werden kann, Gott somit fremd ist. Und genau an dieser Stelle wird eine Verbindung benötigt, die wir im Neuen Testament finden: Jesus. Der einzige Mensch, der es geschafft hat, in der Dualität bedingungslose Liebe zu SEIN.

Kommen wir also damit nun zu dem eigentlichen Punkt, der für Christen ausschlaggebend ist: Das Leben und Wirken von Jesus von Nazareth.

Jesus wurde geboren von Maria, doch schon der Weg dahin ist Grund für jede Menge Diskussionen.

War Maria nun Jungfrau, war sie keine? Am Ende bleibt es jedem selbst überlassen, was er glauben möchte. Doch wenn man einmal ehrlich ist, macht es weder Jesus noch Maria weniger bedeutsam, wenn Maria keine Jungfrau mehr gewesen ist, als sie mit Jesus schwanger wurde. Es ändert weder etwas an beider Lebenswegen noch an ihren Überzeugungen, ihrem Glauben oder Taten.

Die Bibel beginnt erst mit ihren Berichten über Jesus, als er ungefähr 28 Jahre alt ist. Ein schon beachtliches Alter in dieser Zeit. Man könnte meinen, er hat an diesem Punkt seines Lebens seine Berufung erkannt, hat den Drang verspürt, die Menschen zurück zur Liebe zu bewegen, nachdem er bereits ein »normales« Leben geführt hatte. Denn dass er achtundzwanzig Jahre einfach nur im stillen Kämmerlein darauf gewartet hat, dass ein Startschuss für sein Predigen fällt, ist eher unwahrscheinlich. Aber über diese Zeit schweigt man sich lieber aus. Bekannt ist nur ein Vorfall, der aber wundervoll ins allgemeine Bild passt. Keine Berichte über den Rest seiner ersten 28 Jahre sind gut, denn wie würde es sich auch machen, wenn Jesus sich als ganz normaler Junge mit anderen geprügelt hätte?

Von Jesus sind eine Menge Gleichnisse überliefert, mit denen er Menschen jeden Alters und jeder Bildungsstufe die Bedeutung der Liebe zu vermitteln versuchte, aber auch ihr Bild von dem bereits beschriebenen rachsüchtigen Gott revidierte. Er brachte den Menschen bei, mit Gott wie mit einem Vater zu reden: Respektvoll, aber im Vertrauen, dass dieser alleine Liebe ist.

Jesus hat es als erster Mensch geschafft, vollkommen bedingungslose Liebe zu leben und sich dadurch auf eine Stufe mit Gott gestellt. »Er sitzt zur Rechten Gottes ...« ist also eine durchaus gelungene bildhafte Darstellung. Und Jesus hat den Menschen gezeigt, wie ein Leben in bedingungsloser Liebe funktionieren kann, welche positiven Auswirkungen es hat.

Dass es nicht nur ein gegenseitiges »Ich habe Dich lieb, Du hast mich lieb«-Spielchen ist, hat er überaus radikal im Tempel gezeigt, als er die Händler hinauswarf. Wer meint, Jesus habe sich hier lediglich als Mensch erwiesen und gezeigt, dass er wie jeder »Normalo« sein kann, irrt. Denn es zeigt nur, dass Liebe auch oft Kampf bedeuten kann und in Liebe Grenzen bei den Lieblosen gezogen werden müssen.

Auch wenn es manchem - heute wie damals - besser in den Kram passen würde, wenn er die, die versuchten, ein rechtschaffenes Leben in Angepasstheit an das System zu führen, belohnt und bevorzugt hätte, hat Jesus sich mit denen umgeben, die benachteiligt, ausgestoßen oder krank waren. Er ist zu denen gegangen, die sich Liebe gewünscht, ja, sie gebraucht haben. Zöllner, Huren und Ausgestoßene waren ihm herzlich willkommen. Dies alles tat er, ohne dabei auch nur eine einzige Tasche mit seinem Besitz mit sich zu tragen. Kein Geld, kein Haus, kein Esel.

Jesus heilt im Neuen Testament nicht nur Kranke. Er befehligt Naturgesetze und geht über Wasser, er verwandelt Wasser in Wein. Nebenher vermehrt er Brot und Fische in unvorstellbarer Menge und kann auch noch hellsehen. Vollkommen und absolut gar nicht regelkonform, bedenkt man doch, dass einige Jahrhunderte später Menschen für weniger auf dem Scheiterhaufen verbrannt wurden.

Und er setzt dem noch die Krone auf, indem er beweist, dass mit dem Tod seines Körpers eben nicht alles vorbei ist. Er steht von den Toten wieder auf. In der heutigen Zeit wäre Jesus somit der Anführer der Esoteriker, der einer Sekte vorsteht.

Eine der wichtigsten Aussagen von Jesus im Neuen Testament ist, dass das, was er erreicht hat, dass der Level an Liebe, den er gelebt hat, von jedem anderen Menschen erreicht werden kann. »Glaube versetzt Berge« ist eine etwas abgewandelte Form seiner Aussage. Und er befiehlt seinen Jüngern, in seinem Namen zu heilen, das fortzuführen, was er selbst getan hat. Nebenbei untersagt er auch noch, über andere Menschen zu richten und sie zu verurteilen. Ein Tun, das durch gelebte bedingungslose Liebe obsolet wird.

Ob Jesus verheiratet war oder nicht, ob er vielleicht sogar Kinder gehabt hat, wann und wie er von seiner Berufung erfahren hat: All das bleibt in der Bibel unbeantwortet. Viele Theorien gehen davon aus, dass Maria Magdalena mehr war als nur eine Frau, die mit ihm gereist ist. Es wird sogar recht offen über die Möglichkeit geredet, dass sie seine Ehefrau war, denn es war zu dieser Zeit absolut unüblich, im Alter von achtundzwanzig Jahren unverheiratet zu sein. Es gibt zumindest keine Stellen im Neuen Testament, die explizit von einer Ehelosigkeit Jesu berichten, wohl aber eine einzige im Philippusevangelium, die eine Partnerin erwähnt.

Inzwischen sieht selbst die katholische Kirche ein, dass Maria Magdalena einfach nicht wegzudiskutieren ist, und hat sie 2016 als Jüngerin anerkannt. Sie hat sie liturgisch den Aposteln gleichgestellt, bis heute jedoch nicht die weiteren Konsequenzen daraus gezogen. Da das Neue Testament sagt, dass Gott in Jesus Mensch geworden ist, Jesus alles durchlebt hat, was jeder Mensch durchlebt, wäre es absurd zu meinen, dass er einen absolut wichtigen Teil des Menschseins, nämlich die Sexualität, nicht kennengelernt haben soll. Nur weil dies damals und teilweise auch heute noch ein Thema ist, über das hinter vorgehaltener Hand geredet wird und das am besten totgeschwiegen werden sollte, kann man doch nicht verleugnen, dass es einen wichtigen Teil des menschlichen Lebens ausmacht. Und ist ein Mensch wirklich wenig heilig, kann er wenig lieben, weil er über einen Sexualtrieb verfügt, den er auch lebt? Sind Hunger und Durst nicht auch rein körperliche Bedürfnisse, die Jesus nachweislich befriedigt hat?

Abschließend und vielleicht der wichtigste Teil jedoch ist, dass Jesus sagt, dass er den Menschen vorausgeht, dass durch ihn alle Sünden vergeben sind und ALLE Menschen nun auf einen freien Weg zu Gott blicken können. Er schränkt hier nicht ein, schließt niemanden aus, sondern zeigt durch sein eigenes Leben, wie der Weg der bedingungslosen Liebe aussieht, wie diese Liebe praktisch gelebt werden kann und was das Resultat daraus ist. Er ist der erste und wahrscheinlich bisher auch einzige Mensch, der dies geschafft hat.

Und wenn Jesus zur »Nachfolge« aufruft, fordert er genau das von allen Menschen: ein Leben in bedingungsloser Liebe mit allen Konsequenzen. Da dies die Überwindung der Dualität erfordert, die vollkommene Kontrolle des natürlichen Gegners der Liebe, nämlich der Angst, schließt er hiermit den Kreis zum Gott Mose, der auf dem Sinai sich selbst »Ich bin« nennt. Er wird zum Bindeglied zwischen Gott und den Menschen. Nur der von ihm beschrittene Weg besiegt die Angst und kann eine Seele befreien, die bereits ein Teil der allumfassenden bedingungslosen Liebe ist und nur durch Materie beschränkt wird.

Das Märchen eines machtvollen Aufstiegs

Es liegt in der Natur der Dinge, dass die Geschichte des Christentums sich so entwickelte, wie es dann geschah. So sehr sich der Mensch auch wünscht, ein Leben in Liebe, Harmonie und Sicherheit zu führen, so sehr ist er jedoch an die Tücken seiner Dualität gebunden.

Es ist und bleibt die Aufgabe des Gehirns, für das Überleben des Körpers zu sorgen, also aus einer absolut egoistischen Eigenliebe heraus zu handeln. Während die Seele, das »Wesen« im Menschen, das aus der allumfassenden Liebe kommt und wieder dorthin geht, wie die von Jesus erwähnten Kinder einfach liebt und die Verbundenheit zum gesamten Universum spürt, wird sie begrenzt von einem Gegenspieler, der nur das Wort »Ich« zu kennen scheint.

Auch diejenigen, die Jesus kennengelernt hatten, die ihm gefolgt waren und die nun damit beauftragt waren, seine Nachricht in die Welt zu tragen, unterlagen dieser Dualität und bekamen ihre Angst nur bedingt in den Griff. Woraus man ihnen sicherlich auch keinen Strick drehen kann, denn die Umstände, in denen sie lebten, waren alles andere als sicher und das an Jesus statuierte Exempel stand allen ja noch direkt vor Augen. Nicht zu vergessen, dass die Jünger sich sicherlich nicht gedacht hatten, dass der Gottessohn wirklich auf diese Art und Weise ermordet werden würde.

Jesus hatte einen ganz klaren Auftrag erteilt. Am fünfzigsten Tag nach seiner Auferstehung, an dem der Bibel zufolge der Heilige Geist über die Jünger kam, bestimmte er Petrus zu demjenigen, auf den er »seine Kirche bauen« würde.

Doch der Mensch wäre nicht Mensch, würde er nicht aus seiner Angst heraus um Macht kämpfen. Und so verwundert es wenig, dass bereits im zweiten Jahrhundert n. Chr. mehrere verschiedene Lehrmeinungen existierten und sich eine Hierarchie in den Gemeinden gebildet hatte, die bereits Bischof, Priester und Diakon vorsah. So einfach und klar die Botschaft Jesu gewesen war, so kompliziert machte man sie bereits zu diesem Zeitpunkt.

Mehrere Christenverfolgungen später, ungefähr 300 Jahre nach Jesu Tod, gab es erste Bischofskonferenzen, die Regelungen bezüglich bestimmter Feiertage und Vereinheitlichungen bestimmter Rituale vereinbarten. Auch die Position des Bischofs von Rom als bedeutendster Bischof war zu diesem Zeitpunkt schon heiß begehrt.

Als der römische Kaiser Konstantin der Große sich taufen ließ, war der Weg für das Christentum zur anerkannten Staatsreligion frei. Entscheidend war hierbei, dass Kaiser Konstantin dafür Sorge trug, dass das Christentum fortbestehen musste, denn er erklärte es von einer Entscheidungsreligion zur Volksreligion. Er war es auch, der den Grundstein des heutigen Petersdoms legt.

Von nun an musste sich jeder der christlichen Kirche anschließen.

Eine bedeutende Entwicklung dieser Zeit war, dass etwa zeitgleich mit der Gründung des Klosters Montecassino durch Benedikt von Nursia die staatliche Akademie geschlossen wurde, wodurch Bildung und Intellektualität nur noch in den Klöstern erreicht werden konnte. Eine Machtkonzentration, die schwerwiegende Folgen haben sollte.

Die Alphabetisierung nahm ab diesem Punkt stetig ab und bis ins zehnte Jahrhundert hinein baute die Kirche ihre Macht sukzessive aus. Das gemeine Volk war auf das Wissen angewiesen, was ihm durch die Kirche vermittelt wurde. Nur einer sehr kleinen Elite war es vorbehalten, sich genug Wissen anzueignen, um selbstständig Fakten sammeln und eigene Meinungen bilden zu können. Der Rest war von dem abhängig, was aus dieser Richtung an Wissen preisgegeben wurde.

Hier erklärt sich, warum die Menschheit sich auf der materiellen, erfahrbaren Seite rasant weiterentwickelt hat, in Sachen Spiritualität aber noch in den Kinderschuhen steckt. Das spirituelle Wissen ging in dieser Zeit verloren und die Menschen musste sich alleine auf das verlassen, was ihnen durch die Kirche vorgegeben wurde. Gott als Adressat der Gebete, Träger der Hoffnung in den damaligen sehr schwierigen Zeiten und Steuermann des Lebens konnte nur noch über von der Kirche installierte Priester erreicht werden. Eine eigenständige Weiterentwicklung war so gut wie unmöglich. Man selbst konnte in der Bibel nicht mehr nachlesen, ob Gott wirklich jede Sünde mit Höllenqualen bestrafen würde, vielleicht sogar noch im gegenwärtigen Leben. Und vor allen Dingen konnte niemand mehr selbstständig ermitteln, was überhaupt Sünde war.

Die Kirche war in ihrer neuen Position attraktiv für die Bessergestellten geworden. Ein Leben als

Mitglied des Klerus versprach nicht nur ausreichend Nahrung und Wohlstand, sondern auch Macht und Einfluss. Denn wer den Kontakt zu Gott hatte, regierte das Volk.

Es verwundert also nicht, dass die christliche Kirche einen Zulauf an Mitgliedern hatte, die sich weder für Gott noch für Spiritualität interessierten und deren einziges Interesse ihrem eigenen sorgenfreien Leben galt. Diese Sicherheit musste verteidigt werden.

Da sie auf der Macht der Kirche beruhte, war es undenkbar, dass andere sich eine Scheibe vom Kuchen abschnitten. Gott alleine hatte die Macht, über Leben und Tod, Krankheit und Gesundheit oder Ernte und Missernte zu entscheiden, und dieser wurde von seinen Stellvertretern auf Erden repräsentiert.

Zum Verständnis der heutigen Situation ist es unabdingbar, diese wesentliche Entwicklung zu verstehen. Das nicht klerikale Volk stand vor den täglichen Herausforderungen wie Ernte, Nahrungsbeschaffung, Bewältigung von Krankheiten, ohne sich weiteres Wissen aneignen zu können. Die direkte Verbindung zu Gott war ihnen untersagt worden, eine Entwicklung im spirituellen Bereich unmöglich. Selbst in Latein zelebrierte Messen waren für sie unverständlich und der Gott, der über ihr Leben und Sterben entschied, war auf keiner Ebene zugänglich. Das Gefühl, ohnmächtig seiner Willkür ausgeliefert zu sein, führte zu einer Konzentration auf das Materielle. Gott war den Menschen fern wie nie, Jesus nur eine Geschichte. Anstatt Liebe zu predigen, wurde die eigene Position durch die Kirche mit aller Macht verteidigt und sorgte für Angst. Ablassbriefe, Hexenverbrennungen und Kreuzzüge stürzten die Menschen in Schrecken und Verzweiflung und Religion war mehr ein Übel als ein Zufluchtsort. Der Klerus war gefürchtet, seine Mitglieder schwelgten im Überfluss, während vor ihrer Tür die Menschen litten.

Der heutige Fortschritt der Wissenschaft, der im krassen Gegensatz zur spirituellen Entwicklung steht, die kaum vorhanden ist, ist auf genau diese Zeit zurückzuführen. Und auch die Vorsicht, mit der mit spirituellen Dingen umgegangen wird, findet immer noch hier ihren Ausgangspunkt.

Nur wenige Jahre später, Anfang des elften Jahrhunderts, änderte sich die Situation der Menschen langsam in eine für sie positive

Richtung. Der Level an Bildung stieg wieder und Kritik an der Kirche war nun auch leise zu vernehmen. Das »einfache Volk« begann nun den Machtmissbrauch der Kleriker zu erkennen, verurteilte deren Lebenswandel und forderte die Einhaltung selbst gepredigter Regeln.

Nicht nur aus diesen, sondern auch aus rein materiellen Gründen wurde von Papst und Kaiser im Jahr 1022 der Zölibat eingeführt. Künftig sollte es keine Vetternwirtschaft mehr geben, Ämter würden nicht mehr an direkte Nachkommen übergeben werden können, den Gemeinden würden nur noch vorbildlich lebende Priester vorstehen und aller Besitz nach deren Tod an die Kirche fallen. Ein Gesetz – ein Rundumschlag. Die Unzufriedenheit bei den Amtsinhabern war groß und schon in dieser Zeit war allen klar, dass diese Regelung keinerlei Rechtfertigung in der Bibel fand. Und so verwundert es wenig, dass es mehr als hundert Jahre dauerte, bis ein Machtwort des Papstes alle Kritik verstummen ließ und von nun an der Zölibat in seiner heutigen Form praktiziert wurde. Natürlich fand man in späteren, immer wiederkehrenden Diskussionen über den Zölibat auch gute Gründe in der Bibel und legte diese entsprechend so aus, dass es den Anschein erweckt, Jesus selbst hätte sich das Priestertum ehelos gewünscht, explizit gesagt wird dies jedoch nicht. Wie bereits erwähnt, wird zwar auch gerne vermittelt, dass Jesus zölibatär gelebt hat, wirkliche Belege gibt es aber nicht und es ist eher anzunehmen, dass es anders als von der Kirche gewünscht war.

Nicht nur in diese Richtung sicherte sich die katholische Kirche jedoch ab. Während die territoriale Ausweitung auch durch die Kaiser mit vorangetrieben wurde, entwickelten sich ebenso die Finanzen hervorragend. Kreuzzüge waren populär, politisch, wirtschaftlich und religiös betrachtet mehr als erfolgreich.

Der Wohlstand der Kirche wurde richtig deutlich, als Anfang des sechzehnten Jahrhunderts mit dem Bau des heutigen Petersdoms begonnen wurde, der nach 120 Jahren Bauzeit vollendet wurde.

Wäre der katholischen Kirche nicht die Reformation in den Weg gekommen, hätte die weitere Entwicklung kaum Anlass zur Besorgnis geliefert. Denn die Entdeckung Amerikas bot völlig neue Aussichten und Missionare waren überall in der Welt unterwegs. Große Teile Europas gingen aber durch die Spaltung der Kirche verloren.

Außerdem zeigte die nicht mehr nur der Kirche unterstellte Bildung des Volkes nun deutliche Früchte, die für die Kirche nicht angenehm waren. Kaum hatte man sich von dem einen Schrecken erholt und seine Position neu gefestigt, begann die Zeit der Aufklärung und der Französischen Revolution.

Wie auch heute stand die katholische Kirche auf der Seite der Konservativen und Traditionalisten. Die Erkenntnis, dass Bildung ihre Macht schwächte, und der Wunsch nach Einflussnahme auf das Bildungssystem halfen zu dieser Zeit schon nicht mehr.

Diese erste Krise verhalf der Kirche aber zum Ersten Vatikanischen Konzil. Obwohl sehr interessant im Ergebnis, sei hier lediglich erwähnt, dass in diesem Rahmen erst die Unfehlbarkeit des Papstes beschlossen wurde. Eine Entscheidung, die bis heute weitreichende Folgen hat, insbesondere auf Gläubige, die sich gerne ihre eigene Meinung bilden.

Die Weltkriege überstand auch die katholische Kirche nicht ganz ohne Schaden und war auch nicht davor gefeit, einige mehr als fragwürdige Entscheidungen treffen zu müssen. Erwähnt sei hier jedoch nur, dass seit 1929, nachdem einige Streitigkeiten diesbezüglich beigelegt wurden und das Territorium des Kirchenstaates eine deutliche Begrenzung erfahren hatte, der Vatikan als eigener Staat in der heute bekannten Form existiert.

Auch dies ist wichtig, um die Vorgänge in der katholischen Kirche zu verstehen, sieht das Völkerrecht doch vor, dass für eine Anerkennung als eigener Staat bestimmte Voraussetzungen erfüllt sein müssen. Die Drei-Elemente-Lehre besagt in diesem Zusammenhang, dass ein Staatsgebiet vorhanden sein muss, in dem ein Staatsvolk lebt, das einer Machtausübung unterliegt. Vatikanstadt ist hier das Staatsgebiet, in dem ein rund 1000 Einwohner umfassendes Staatsvolk lebt, das der letzten absoluten Monarchie Europas unterstellt ist, denn der Papst besitzt als einziges Staatsoberhaupt in Europa gleichzeitig die gesetzgebende, ausführende und richterliche Gewalt. Demzufolge stellen die Kirchen in der Welt Territorien des Vatikans dar und können Kirchenasyl gewähren. Ebenso kann der Vatikan für jeden »Staatsangehörigen« die Auslieferung und Unterstellung der

Gerichtsbarkeit des Vatikans einfordern, was bei einigen für Furore sorgenden Verfahren, in denen es vor allem um Straftaten ging, bei denen die Opfer nichts mit der katholischen Kirche zu tun hatten, für Unmut gesorgt hat.

Selbstredend hat der Vatikan als eigener Staat dafür Sorge getragen, dass er autark ist. Es war dafür erforderlich, alle uns bekannten »Ministerien« auch innerhalb des Vatikans zu bilden, diplomatische Beziehungen einzugehen und sich bestimmten politischen Gepflogenheiten anzupassen.

Für einen Staat vielleicht eher unüblich, hat die katholische Kirche jedoch nicht nur ihre »Botschaften« in einer ebenfalls unüblichen Anzahl in jedem Land der Welt verteilt, sondern ist insbesondere in Europa als religiöse Macht auch noch in die Aufgabenverteilung der einzelnen Staaten eingebunden. So hat die Kirche zum Beispiel in Deutschland Vereinbarungen über den Einzug der Steuern, Unterstützung der Bildung an Schulen und Universitäten, seelsorgerische Begleitung bei Militäreinrichtungen und Stellung karitativer Organisationen, um nur einige aufzuzählen. Des Weiteren besitzt sie Ländereien aus teilweise hunderte von Jahren alten Verträgen mit Kaisern und Königen, aber auch aus aktuellen Schenkungen.

Unüblich ebenfalls, dass sie als Staat ihre Gerichtsbarkeit nicht nur innerhalb des Vatikans ausübt, sondern innerhalb anderer Staaten Gerichte installiert hat.

Doch dazu in den nächsten Kapiteln mehr.

Der Stellvertreter Christi

Es ist wirklich fraglich, ob der Titel »Stellvertreter Christi auf Erden« in dieser Form überhaupt benutzt werden sollte. Je tiefer man in die Abläufe innerhalb der katholischen Kirche dringt, desto unwahrscheinlicher wird es, dass Jesus jemals so etwas beabsichtigt hat, als er den alles entscheidenden Satz zu Petrus gesagt hat.

Erinnert man sich nur alleine an den Tag vor seiner Kreuzigung, wird man feststellen, dass die Position des Papstes einige signifikante Aufgaben mit alleiniger Machtausübung beinhaltet, die Jesus ganz klar abgelehnt hat.

Schon früh nach Jesu Tod gab es die ersten deutlichen Hierarchien in christlichen Gemeinschaften. Noch nicht in der uns heute bekannten Differenziertheit, aber doch zumindest in der Einteilung Bischof, Priester, Diakon und einfaches Gemeindemitglied. Die besondere Position des Bischofs von Rom, deren erster Inhaber Petrus selbst war, war fast von Anfang an gegeben und galt schnell als begehrtestes Amt.

Wie beschrieben weitete sich das Christentum in den ersten Jahrhunderten nach Jesus rasant aus und die Macht, die die Kirche im Mittelalter innehatte, war durchaus mit der des Königs vergleichbar, wenn sie diese nicht sogar in manchen Fällen überstieg. Wenig verwunderlich, dass es für viele mehr als attraktiv war, dem Klerus anzugehören und eine Karriere in der Kirche zu machen. Eher verwundert es, dass bei diesem »Bodenpersonal« der Glaube an die Botschaft Jesu und ihre Verbreitung nicht ausstarben.

Eine erste Erwähnung des Titels »Papst« findet sich schon knapp 400 Jahre n. Chr., als hierarchisch höchste Position und alleinige Amtsbezeichnung gilt sie jedoch erst ab dem Jahr 590.

Im Mittelalter hatte der Papst allerdings noch nicht die Stellung, die er heute hat. Kaiser und Könige hatten berechtigtes Interesse an der Besetzung dieser Position mit einer ihnen wohlgesonnenen Person. Sie besaßen eine Art Veto-Recht, was die Wahl anbelangte. Griff ein Monarch also in die Wahl des Papstes ein oder war das Kardinalskollegium gespalten, konnte es vorkommen, dass es zeitgleich mehrere Päpste gab.

Eine immer wieder in der katholischen Kirche sichtbare Vorgehensweise bei Bedrohung ihrer Macht ist es, durch rigorose Vorschriften diese im Keim zu ersticken. Und genau dies wurde in Bezug auf den Papst im Folgenden auch getan: Dem Monarchen wurde sein Veto-Recht entzogen und verfügt, dass im Falle seines Eingriffs die Exkommunikation die Folge wäre. In dieser Zeit hätte der betreffende Monarch sich auch gleich selbst absetzen können.

Im Mittelalter galten die Entscheidungen des Papstes auch noch nicht als unfehlbar. Immer wieder führte dieser Punkt zu Kontroversen innerhalb der christlichen Gemeinden. Erst das Erste Vatikanische Konzil im Jahr 1870 legte dies fest. Eine gelungene Entscheidung, die jeder Katholik akzeptieren muss und die jede Meuterei im Keim erstickt.

Das Erste Vatikanische Konzil regte auch die Schaffung eines einheitlichen Gesetzes an, das im Jahr 1917 seine Vollendung fand. Der Codex Iuris Canonici (CIC) regelt auch alle Aufgaben und Vollmachten des Papstes und ist bis heute gültig. Der CIC, der auch nach dem Zweiten Vatikanischen Konzil weiterhin in leicht abgeänderter Form seine Gültigkeit besitzt, befinden sich sieben Bücher, die allgemeine Normen, Rechte und Pflichten der Gläubigen, aber auch Vollmachten des Papstes und der hauptamtlichen Mitarbeiter sowie Glaubensgemeinschaften, den Verkündigungsdienst inklusive Schul- und Hochschulsystem und Bücherzensur, gottesdienstliche Handlungen und Sakramente, das kirchliche Vermögensrecht, das Strafrecht sowie gerichtliche Prozesse regeln. Ein Werk, das ein Studium erfordert.

In der heutigen Zeit ist der Papst nach diesem geltenden Recht Leiter der Gesamtkirche und mit einer Primatialgewalt ausgestattet, was bedeutet, dass er die alleinige und uneingeschränkte Jurisdiktion innehat. Ihm steht zum »Regieren« ein Verwaltungsapparat zur Verfügung, der sich »römische Kurie« nennt.

Gleichzeitig ist der Papst Souverän des Staates der Vatikanstadt, der eine absolute Wahlmonarchie ist, in der alle Gewalten bei ihm vereint sind: Gesetzgebung (Legislative), ausführende Gewalt (Exekutive) und Rechtsprechung (Judikative). Verzichtet er nicht früher auf sein Amt, ist dieses ein Amt auf Lebenszeit. Es gibt keinerlei Möglichkeit einer Amtsenthebung.

Grund für Diskussionen liefert immer wieder die Position des Papstes als Stellvertreter Christi auf Erden, mit der seine Unfehlbarkeit begründet wird. Dies führte im Lauf der Geschichte schon zu diversen Abspaltungen von Gruppierungen, gilt jedoch für die heutige römisch-katholische Kirche weiterhin. Während jedoch bis zum 14. Jahrhundert vom Papst nicht nur über kirchliche, sondern auch über weltliche Fragen Entscheidungen getroffen wurden, die unumstößlich und in der Folge richtig sein musste, verliert sich die Macht im weltlichen Bereich seitdem immer weiter. Riskierte früher ein andersdenkender Monarch seine Exkommunikation und somit seinen Machtverlust, ist der Einfluss des Papstes heute außerhalb der Kirche kaum mehr spürbar.

Selbst im Bereich der Religion ist das Bewusstsein der Gläubigen in der heutigen Zeit ein anderes und Diskussionen und Kritik durchaus an der Tagesordnung, wobei die katholische Kirche immer noch bei Angriffen rigoros und wenig tolerant vorgeht und es auch heute noch

Exkommunikationen von Andersdenkenden gibt, die sich zu deutlich in der Öffentlichkeit äußern.

Dennoch ist seit einiger Zeit auch bei Päpsten selbst eine Entwicklung in diesem Bereich zu beobachten. So gibt es durchaus Bemerkungen des letzten und des aktuellen Papstes darüber, dass sie sich selbst nicht als unfehlbar ansehen.

Viele Kritiker sehen in dieser dem Papst zugesprochenen Eigenschaft durchaus den Grund, warum Entwicklungen und Modernisierungen in der katholischen Kirche blockiert sind. Umso erfreulicher ist es, dass vor allem Papst Franziskus sich hier als gesprächsbereit erweist.

Als Staatsoberhaupt ist der Papst nicht in allen Bereichen anderen Staatsoberhäuptern gleichgestellt und so nimmt auch der Vatikan als Staat keine Position in internationalen Gremien ein, wie es andere Staaten tun. NATO, EU und andere Organe sehen den Vatikan zwar als beratendes Mitglied an, gestehen ihm aber keine Entscheidungsvollmacht zu.

Der Staat der Gottesfürchtigen

Wie bereits erwähnt, ist die Gesamtheit der katholischen Kirche dem Papst als oberstem Bischof unterstellt. Selbstverständlich ist es auch einem Papst nicht möglich, alle anfallenden Aufgaben alleine zu übernehmen. Aufgrund der Größe, die die katholische Kirche inzwischen hat, und der Vielzahl der Aufgaben bedient sich der Papst mehrerer »Gehilfen«. Auf der einen Seite sind dies die an den jeweiligen Orten auf der Welt tätigen Bischöfe, unter denen die Kardinäle eine besondere Rolle einnehmen, denn nur sie sind zum Beispiel befugt, einen neuen Papst zu wählen.

Die zu erledigenden Verwaltungsaufgaben übernimmt die römische Kurie, die im Namen und mit der Vollmacht des Papstes handelt. Hier ist das Staatssekretariat genauso angesiedelt wie die neun Kongregationen, die drei obersten Gerichtshöfe, die elf Räte und drei Büros für wirtschaftliche Angelegenheiten.

Beginnen wir in Rom, wo die römische Kurie tätig ist. Ihre letzte Reform liegt im Jahre 1988. Seitdem ist sie in fünf hierarchisch gestaffelte Sektoren gegliedert.

Es ist sicherlich nicht erforderlich, die folgenden Details genau zu kennen, jedoch durchaus interessant, dies einmal gelesen zu haben und sich bewusst zu machen, welche Themen von so großer Bedeutung sind, dass sie einen eigenen Platz in der römischen Kurie erhalten haben:

Staatssekretariat = zentrale Dikasterium (einzelne Ämter d. RK) bzw. Schaltzentrale

- Leiter: Kardinalstaatssekretär
    - ♣ Aufgaben: vertritt Papst bei wichtigen Anlässen
    - ♣ Empfängt Staatsoberhäupter
    - ♣ Handelt mit Staaten Verträge aus, die er im Namen d. Hlg. Stuhls unterschreibt
    - ♣ Bleibt bis zum Tod d. Papstes oder altersbedingtem Wunsch im Amt (wird nicht entlassen)
- Unterteilt in 2 Abteilungen:
    1. Abteilung:
        - Medienarbeit und tägliche Dienste d. Papstes o Dienste an außerhalb d. ordentlichen Zuständigkeit der RK und sonstige Einrichtungen
        - Innerkirchliche Leitung mit Kontakt zur jeweiligen Ortskirche

- Finanzielle Situation d. Zwergstaates

2. Abteilung:

- Zuständig für diplomatische Beziehungen im Ausland und Bischofsernennung
- Abschluss von Verträgen und Konkordaten

Neun Kongregationen = Zusammenkünfte von Kardinälen, die im päpstlichen Auftrag arbeiten

♣ 1988 wurde die Zahl auf 9 Kongregationen festgelegt

♣ Erledigen für Papst die geistliche Verwaltung der Weltkirche

♣ Überprüfen alle Urteile anderer päpstlicher Behörden, damit Einheitlichkeit aller anderen Äußerungen der Kurie sichergestellt ist

1.) Glaubenslehre (älteste und bedeutendste Kongregation)

♣ Päpstliche Kommission "Ecclesia Dei"

♣ Päpstliche Bibelkommission

♣ Internationale Theologenkommission

2.) Orientalische Kirchen

3.) Gottesdienst und Sakramentenordnung

4.) Selig- und Heiligungsprozesse (entstand 1969)

5.) Glaubensverbreitung

6.) Klerus

7.) Institute geweihten Lebens und Gesellschaften apostolischen Lebens

8.) Katholische Bildungswesen (für die Seminare und Studieneinrichtungen)

9.) Bischöfe

> ♣ (großen Bekanntheitsgrad, da große innerkirchliche Bedeutung)
>
> ♣ Zusammengesetzt aus ca. 40 Kardinälen und Ortsbischöfe aus allen Erdteilen

Elf Räte

• üben keine Regierungsgewalten aus, sondern sollen vordenken, fördern, anregen und sensibilisieren

• 1 Präsident steht vor, der nicht im Kardinalsrat sein muss

• Motto: Studium und Dialog

• Untereinander hierarchisch geordnet

1.) Laien (Welt für Nicht-Kleriker, mit christlichem Geist durchdrungen)

2.) Förderung der Einheit der Christen

3.) Familie

4.) Gerechtigkeit und Frieden

5.) Interreligiöser Dialog (Beziehung zwischen Christen und Juden fördern)

6.) Interpretation von Gesetzestexten

7.) Cor Unum

8.) Seelsorge für die Migranten und Menschen unterwegs

9.) Pastoral im Krankendienst

10.) Kultur

11.) päpstlicher Rat für soziale Kommunikationsmittel

Gerichte

1.) Römische Rota (Romana Rota): = ordentliches Gericht d. Papstes für die Annahme von Berufungen

♣ Beschäftigt sich hauptsächlich mit Ehesachen

♣ Gilt für alle kirchenrechtlichen Fälle als Berufungsgericht

♣ Für Rechtsprechung über Bischöfe, Ordensobere und alle dem Papst direkt unterstellten Personen

2.) Apostolische Signatur = monokratisch verfasste Behörde mit gnadenerweisender Tätigkeit)

♣ Wie Bundesgerichtshof und den Katholiken einen unbekannte Größe, da 12 Kardinale relativ selten zusammentreten

♣ Entscheidet über korrekte Ausübung der Gerichtsbarkeit in Kirche

♣ Entscheidet über Nichtigkeitsbeschwerden, Anträge auf Wiedereinsetzung in vorherigen Stand und Beschwerden gegen Rota, Urteile oder Richter

3.) Apostolische Pönitentiarie

♣ Fällt fast ausschließlich Freisprüche

♣ Befasst sich häufig mit Lossprechung von Sünde, Beugestrafen

Sonstige Einrichtungen:

1.) Apostolische Kammer

2.) Vermögensverwaltung

3.) Präfektur für die Wirtschaftsangelegenheiten d. Heiligen Stuhls

Mit dem Heiligen Stuhl verbundene Einrichtungen:

1.) Geheimarchiv

2.) Vatikanische Bibliothek

3.) Akademien[2]

Ein riesiger Apparat präsentiert sich demjenigen also, der versucht, das System des Vatikans zu verstehen. Hinter manchmal vielleicht harmlos klingenden Bezeichnungen verbergen sich jedoch Mächte, die überaus einflussreich sind – nicht nur innerhalb der katholischen Kirche, sondern auch international. Nicht umsonst gelangen immer wieder Skandale in die Öffentlichkeit, die selbst die sonst so effizienten Mitarbeiter des Vatikans nicht verschleiern und innerhalb der Mauern der katholischen Kirchen halten können. Dabei werden vor allen Dingen die Stimmen nicht ruhig, die in

---

[2]LTHK
http://www.vatican.va/roman_curia/index_ge.htm
Fabrizio Rossi, Der Vatikan. Politik und Organisation, S. 30-42 Karl Jordan, Die Entstehung der römische Kurie

Bezug auf »wirtschaftliche Beziehungen« und die Finanzen dem Vatikan nicht nur unlautere Mittel, sondern gar Beziehungen zur Mafia vorwerfen und dies auch belegen können.

Fest steht, dass diese Aufstellung deutlich macht, wie komplex die Aufgaben sind, wie viele Menschen an der Verwaltung beteiligt sind und dass ein einzelner Mensch an der Spitze dies gar nicht mehr überblicken kann.

Welche Berechtigung es für die einzelnen Abteilungen und Kommissionen geben mag, ist später Thema. Sicher erkennen kann man aber, dass der christliche Glaube in einer derart strukturierten Organisation nur noch eine von vielen Rollen spielt, denn die katholische Kirche ist Staat, Arbeitgeber, Vermögensverwalter, Gericht, soziale Einrichtung, Diplomat und noch einiges mehr.

Um nun die Verzweigungen weiter verstehen zu können, sollte man den Weg von Rom in die Gemeinden anhand der vorhandenen Hierarchien betrachten.

Hierarchisch direkt unter dem Vatikan sind die sogenannten Kirchenprovinzen angesiedelt, die aus mehreren Bistümern bestehen, die wiederum einem Erzbistum in weiten Teilen unterstehen. Bistümer werden von Bischöfen, Erzbistümer von Erzbischöfen geleitet. Da Bischöfe als Nachfolger der Apostel verstanden werden, bildet jedes Bistum erst einmal eine kleine universale Kirche für sich. In Deutschland gibt es derzeit 27 Bistümer.

Die Bischöfe haben in vielen Ländern, auch in Deutschland, die sogenannte Bischofskonferenz eingerichtet, damit es weitestgehend zu einheitlichen Verfahrensweisen kommt.

Die 27 in Deutschland existierenden Bistümer sind weiterhin unterteilt in rund 500 Dekanate, denen ein Dechant vorsteht. Dieser ist Leiter eines pastoralen Raumes, dem mehrere Pfarreien – in Deutschland rund 11.000 -, die kleinste Einheit in der kirchlichen Organisation, angeschlossen sind.

Jeder Pfarrgemeinde steht ein Pfarrer vor, der diese leitet. Hierzu bedient er sich eines von den Gemeindemitgliedern gewählten und aus Laien bestehenden Pfarrgemeinderats, dem er vorsteht und der Ziele und Pläne festlegt. Ebenfalls steht er dem Kirchenvorstand vor, der auch aus Laien besteht und gewählt wurde, dessen Aufgabe jedoch die finanziellen Angelegenheiten der Pfarrei sind.

Neben den Gemeinden gibt es noch zahlreiche Orden, Verbände und Hilfswerke, die der katholischen Kirche unterstehen.

Der Ottonormalverbraucher steht also am Ende einer langen Reihe, hat als Laie nur einen mehr als bedingten Einfluss und ist immer dem Klerus »ausgeliefert«. Zwar bestimmt das normale Gemeindemitglied über die Mitglieder der Leitungsgremien, diese werden jedoch immer vom zuständigen Pfarrer kontrolliert, der wiederum dem Dechant und dem Bischof untersteht. Warum von unbegrenzter und unbeeinflusster Mitarbeit keine Rede sein kann, erklärt vielleicht das Vorgehen der katholischen Kirche bei kritischen Stimmen, mit Sicherheit aber auch die Abhängigkeit, in der sich Gläubige befinden. Denn diesen wird vermittelt, dass nur durch einen Priester bestimmte erstrebenswerte Sakramente erteilt werden können und ein Ausschluss aus der katholischen Kirche Folgen bezüglich des Seelenheils haben würde.

Männer befinden sich noch in einer einigermaßen akzeptablen Situation, steht ihnen doch der Weg offen, bei Interesse ein Amt auszuüben, das eine Einflussnahme möglich machen würde. Frauen hingegen ist dieser Weg verwehrt.

Beschwerden, Anliegen oder direkte Kritik müssen einer bestimmten Hierarchie folgen und erreichen den eigentlichen Adressaten wahrscheinlich nie.

Selbst Fälle wie Kindesmissbrauch, die bekannt geworden sind, werden in der katholischen Kirche schnell Stellen weitergeleitet, die sich vor allem effektiv um deren Geheimhaltung kümmern und von deren Ausgang die Welt nur in den seltensten Fällen erfährt.

Transparenz ist bis heute ein Wort, das im Vatikan wenig gerne gehört wird, und ein Mangel, der es nicht nur den Gläubigen manchmal schwer macht, weiterhin an die Richtigkeit der Vorgehensweisen zu glauben.

Der Reichtum der Armutsprediger

Die finanzielle Situation der katholischen Kirche ist nicht genau zu klären. Viele Bistümer wissen selbst nicht genau, über was für ein Vermögen sie genau verfügen und wenn es der katholischen Kirche klar sein sollte, ist sie nicht willens, darüber Auskunft zu erteilen. Es ist möglich, aus diversen bekannten Informationen Rückschlüsse zu ziehen, bezogen auf die Welt können dies aber nur extrem vage Schätzungen sein.

Der Vatikan verfügt alleine schon über sichtbare Vermögenswerte in Form von Bauten und Kunstwerken, die jeder Vorstellungskraft trotzen. Wer sich einmal die für die Öffentlichkeit zugänglichen Räumlichkeiten und Kunstwerke angesehen hat, bekommt eine grobe Vorstellung, über welche Summen hier geredet werden darf.

Ein Mann, der sich vor einiger Zeit sehr ausführlich mit dem Vermögen des Vatikans beschäftigt und darüber ganze Bücher geschrieben hat, sieht den Beginn der Anhäufung von Reichtümern in der Zeit von Papst Benedikt XV. Zwischen 1914 und 1922 schuf dieser die entsprechenden Grundlagen für das heutige

Vermögen und wandelte die Politik entscheidend, denn seiner Meinung nach durften die Investitionen der Kirche nicht durch politische und religiöse Betrachtungsweisen eingeschränkt werden, sondern mussten alleine nach profitbringenden Gesichtspunkten getätigt werden. Bis heute wird diese Politik fortgeführt.

Der Vatikan investierte in den folgenden Jahren wohlüberlegt, investierte circa 100 Millionen Dollar, die er von Mussolini zur Beilegung der Rom-Frage erhalten hatte, in die US-Wirtschaft nach dem Börsenkollaps dort und ist so heute nach Einschätzung von Experten Inhaber von zehn bis fünfzehn Prozent aller an der Börse gehandelten Aktien. Die immer größer werdenden Ausmaße der Investitionen und Beteiligungen des Vatikans machten die Einrichtung der Präfektur für Wirtschaftsangelegenheiten notwendig, die sich namhafter Bankiers und Finanzexperten bediente, um das Vermögen weiter wachsen zu lassen. Dabei bewegte sich der Vatikan ab und zu an den Grenzen der Legalität, was besonders in den 1980er Jahren zu einem großen Skandal führte. Die Gerüchte können seitdem nicht mehr eingedämmt werden und auch die Tatsache, dass die Versuche verschiedener Päpste, die Finanzgeschäfte des

Vatikans transparenter zu machen, indem Laien in entscheidenden Positionen arbeiten, immer wieder zum Scheitern verurteilt sind, machen diese Situation nicht besser.

Die vatikaneigenen Banken geraten immer wieder ins Visier der Öffentlichkeit und auch die von der Kirche genutzten Banken für die üblichen Transaktionen sind nicht über jeden Zweifel erhaben. Rückschlüsse von den hier bekanntgemachten Zahlen auf das Gesamtvermögen lassen sich nicht ziehen, denn es fehlen ganz entscheidende Informationen über zum Beispiel Anlagen, Immobilien, Ländereien und Industrie- und Wirtschaftsunternehmen, die die katholische Kirche in verschiedenen europäischen Ländern sowie in Nord- und Südamerika besitzt und kontrolliert.

Ebenso wenig kann man den Wert ermitteln, den die verschiedenen Gebäude wie Kirchen haben, ganz zu schweigen von den Grundstücken, auf denen sie stehen. Nach Einschätzung des Wall Street Journal ist der Vatikan aber der derzeit »größte Börsenmakler der Welt« und dazu der »gewaltigste zur Zeit existierende Kapitalbesitzer«.

Die katholische Kirche hat zudem in vielen Ländern deutliche Vorteile gegenüber anderen

Unternehmen, denn sie ist von der Steuer befreit. In Deutschland ist es zudem so, dass der Steuerzahler den Einzug der Kirchensteuer finanziert. Die Kirche spart hier also nicht nur Steuern, sondern nutzt zudem den vom Steuerzahler finanzierten Verwaltungsapparat, um die Kirchensteuer einzuziehen.

Sehen wir uns zur Verdeutlichung der finanziellen Lage die deutsche katholische Kirche an, wird die Unglaublichkeit der finanziellen Situation noch ein wenig deutlicher: Die katholische Kirche hat, nicht nur in Deutschland, ein besonderes Vorrecht. Während alle Unternehmen einen Geschäftsbericht nach dem Handelsgesetzbuch verfassen müssen, bildet sie eine Ausnahme von der Regel. Nun könnte man dies damit begründen, dass die Kirche ja kein Unternehmen im üblichen Sinne ist, doch betrachtet man einmal Besitztümer und Tätigkeiten der einzelnen kirchlichen Bereiche, wird schnell klar, dass dies nicht stimmt. Im deutschen Handelsregister befinden sich mehr als 3000 Eintragungen, die den Zusatz »katholisch« tragen. Diverse Banken gehören ebenso zur katholischen Kirche wie der Weltbild Verlag, Tellux Film, Adelholzer oder unzählige Weingüter.

Jeder normale Bürger würde dies nun als ein klassisches Unternehmen einstufen. Nicht so aber die deutschen Behörden und schon gar nicht die Kirche selbst.

Nimmt man das Erzbistum Köln einmal als Beispiel für den Wirkungskreis der Kirche, wird man schnell feststellen, dass man es hier nicht nur mit einem Unternehmen im klassischen Sinne, sondern zusätzlich einem extrem erfolgreichen zu tun hat. Das Bistum ist Teilhaber eines Immobilienkonzerns, dessen Wert auf 450 Millionen Euro geschätzt wird, verfügt über ein Fondsvermögen von fünf Milliarden Euro mit Beteiligungen an diversen Einkaufszentren und Cityimmobilien in Großstädten in Deutschland und der Schweiz und nimmt alleine an Zinsen jährlich 46 Millionen Euro ein, was bei einer angenommenen durchschnittlichen Verzinsung von fünf Prozent auf ein Vermögen von einer Milliarde Euro hindeutet.

Interessant hierbei ist, dass Besitzer diverser Kölner Immobilien eine Firma ist, die ihren Sitz in Amsterdam hat, dort aber durch ein Serviceunternehmen vertreten wird. Die Kirche mit ihrer Vorbildfunktion nutzt somit

Steuerschlupflöcher, was von ihr selbst in keiner Form bestritten, sondern derart kommentiert wird, dass es Aufgabe von Christen sei, verantwortlich mit Geldern umzugehen. Wobei man wieder bei der offiziellen Finanzpolitik des Vatikans seit den 1920ern wäre. Dass dabei aber dem deutschen Staat Steuergelder in Millionenhöhe entgehen, diese Steuergelder aber gerne genutzt werden, um diverse kirchliche Einrichtungen zu finanzieren, wird nicht weiter erwähnt. Denn gerade in Deutschland hat die katholische Kirche eine nahezu einzigartige Position. Während in den meisten Ländern eine Kirchensteuer nicht bekannt ist, fließen jährlich 5,5 Milliarden Euro in die kirchlichen Kassen, 200 Millionen Euro kommen an allgemeinen Steuergeldern noch hinzu. Zusätzlich schießt der deutsche Staat circa 16 Millionen in kirchliche Krankenhäuser, 2,8 Millionen in kirchliche Kindertagesstätten, 1,8 Millionen in kirchliche Schulen und bezahlt Militärbischöfe mit 15 Millionen Euro. Zudem erhält der Katholikentag einen Zuschuss von drei Millionen Euro und einige Millionen gehen an kirchliche Religions- und Hochschullehrer. Zusätzlich bezieht die katholische Kirche in Deutschland nach einem im Jahre 1803 geschlossenen Vertrag mit Deutschland Entschädigungszahlungen als Ausgleich für durchgeführte Enteignungen in Höhe von 500 Millionen Euro, wobei in der Weimarer Verfassung die Abschaffung hiervon festgelegt und später auch ins Bürgerliche Gesetzbuch übernommen wurde, jeder Versuch der Umsetzung jedoch an diversen kirchennahen Politikern scheiterte, wie öffentlich gemachte Geheimdokumente belegen. Zusätzlich zu den Milliardeneinnahmen verfügt die katholische Kirche über schätzungsweise 260.000 Hektar Grundbesitz in Deutschland, was in etwa der Größe des Saarlandes entspricht und mehr als 200 Milliarden Euro in Vermögen ausmacht.

All dies wäre der Kirche ja nun auch wirklich zu gönnen, wenn sie dann eben nicht als eine ihrer wichtigsten ideologischen Grundlagen die Bergpredigt mit Werten wie Liebe, Wahrheit, Gewaltlosigkeit, Besitzverzicht, Gerechtigkeit, Treue, Keuschheit nennen würde, wobei erhöhte Ansprüche an ihre Priester und Ordensleute gerichtet sind im Gegensatz zur breiten Masse der Gläubigen. Vor allen Dingen der Besitzverzicht hinterlässt einen schalen Beigeschmack, wenn man bedenkt, dass das Gehalt eines Pfarrers bei gut

3000 Euro netto, freier Wohnung und diversen Vergünstigungen beginnt und ein Bischof neben einer im Allgemeinen luxuriösen Unterkunft locker schon einmal 7000 Euro netto einheimst. So lebt und arbeitet einer der wichtigsten deutschen Kardinäle, Kardinal Marx in München, im Palais Hollenstein, das für mehrere Millionen Euro umfangreich instandgesetzt wurde. Gleichzeitig verfügt sein Bistum über Zinseinnahmen in Höhe von 420 Millionen Euro (wie bereits oben angeführt, können hierdurch Rückschlüsse auf das Gesamtvermögen geschlossen werden), investierte 30 Millionen Euro in den Neubau eines kirchlichen Museums, schließt jedoch die katholische Obdachlosenherberge, weil hierfür 64.000 Euro benötigt werden, die die Kirche nicht in der Lage ist aufzubringen.

Die Kirche beginnt langsam, in finanziellen Belangen transparenter zu werden, und verschiedene Bistümer veröffentlichen nach und nach erste Zahlen über bestehendes Vermögen. Doch auch nach eigenen Angaben hat niemand eine wirkliche Vorstellung über genaue Zahlen und viele wertvolle Besitztümer sind weder geschätzt noch in die Berechnungen mit eingeflossen.

Die elitäre Liebe Gottes

Das Regelwerk der katholischen Kirche ist umfassend, ausführlich und lässt nur wenig Spielraum in Fragen zum korrekten und gottesfürchtigen Verhalten. Unsagbar viele Bücher und noch mehr Seiten regeln das Leben der Katholiken, bestimmen, wer dazugehören darf, wer nicht, was geglaubt werden soll und darf, wer wann und wo was wie viel und wovon tun, machen, erhalten, geben, nehmen oder sagen darf.

Neben den zehn Geboten, die in der Bibel stehen, weist die Kirche ihre Gläubigen an, den Sonntag als »Tag des Herrn« zu feiern, die heilige Messe an Sonn- und Feiertagen zu besuchen, Fasten- und Abstinenztage einzuhalten, wenigstens einmal im Jahr zur Beichte zu gehen und wenigstens einmal im Jahr, zumindest in der Osterzeit, die heilige Kommunion zu empfangen.

Allgemein bekannt ist auch, dass die Kirche gegen Abtreibung ist, was sowohl bei der Frau als auch beim ausführenden Arzt zur Exkommunikation führt. Es gibt sogar Fälle, in denen Ärzte, die sich lediglich für Abtreibungen ausgesprochen haben und die in einem katholischen Krankenhaus beschäftigt waren, ihren Job verloren haben. Selbst die »Pille danach« gilt in der katholischen Kirche bereits als Abtreibung.

Verhütung in jeglicher Form und Sex vor der Ehe werden ebenso verurteilt wie Selbstbefriedigung.

Eine Wiederheirat führt dazu, dass die Beteiligten nicht mehr die heilige Kommunion empfangen dürfen, sind sie in einer kirchlichen Einrichtung beschäftigt, können sie hierfür sogar entlassen werden.

Über Homosexualität braucht man im Allgemeinen nicht mehr reden, denn bekanntermaßen dürfen auch Menschen in gleichgeschlechtlichen Partnerschaften weder für die Kirche arbeiten noch die heilige Kommunion empfangen.

Im CIC werden diese Verhaltensweisen, die zum Ausschluss von den Sakramenten führen, als »hartnäckig in einer offenkundigen schweren Sünde verharren« bezeichnet.

Das ist aber nur die Spitze des Eisbergs, denn das CIC enthält 2414 Canones. Dagegen erscheinen die zehn Gebote geradezu lächerlich.

Während der Normalgläubige sich wenig mit derartigen Regelungen befassen muss, sind die Beschäftigten in kirchlichen Einrichtungen weitaus mehr gefordert. Wer nicht der katholischen Kirche angehört, wird meist vergeblich versuchen, dort einen Job zu bekommen. Doch auch wer einen solchen hat, muss sich in der Öffentlichkeit hinter die Prinzipien der katholischen Kirche stellen und sein Leben in allen Bereichen zumindest so führen, dass es den moralischen Grundsätzen nicht widerspricht.

Selbst wer katholisch, gläubig und um ein Leben in Nächstenliebe bemüht ist, kann sich nicht sicher sein, dass er nicht irgendwo eine Kleinigkeit übersieht, die dazu führt, dass er zur »Persona non grata« wird. Denn in Katalogen kann schnell nachgeschlagen werden, ob nicht vielleicht eine Kleinigkeit dazu führt, dass das Leben nicht mehr den Grundsätzen der katholischen Kirche entspricht und somit das schlechte Verhalten diese in Verruf bringen würde.

Und selbstverständlich hat die katholische Kirche für Verstöße gegen ihr umfangreiches Recht auch ein Strafregister erstellt. Dort ist zu lesen, dass es Besserungs- und Beugestrafen,

Sühnestrafen und Strafsicherungsmittel und Bußen gibt.

Vollumfänglich ist das CIC auch im Internet veröffentlicht worden, was jedoch nicht unbedingt zur Verständlichkeit beiträgt, denn erfahrungsgemäß sind viele Dinge eine Auslegungssache. Ebenso sind einfach erscheinende Verfahren oftmals ein jahrelanger Prozess. Hier erweckt die katholische Kirche den Anschein, dass Dinge, die sie verhindern will, so lange durch Nichtbeachtung und Verkomplizierung des Verfahrens hingezogen werden, dass die Beteiligten frustriert aufgeben. Hiervon können besonders Priester ein Lied singen, die einen Antrag auf Dispens (Aufhebung des Zölibats) gestellt haben und von mehr als zehn Jahren und mehr Verfahrensdauer berichten.

Ebenso sind Verfahren, eine Ehe für nichtig zu erklären, eine Zumutung für die Betroffenen, die Zeugen für jeden Bereich ihrer Beziehung bringen müssen und besonders im privatesten Bereich – der Sexualität - vor Freunden, Bekannten und nicht zuletzt dem kirchlichen Gericht selbst »die Hosen runterlassen« müssen.

Als ob dies alles nicht schon schwierig genug wäre, muss der Gläubige sich auch noch mit der Einteilung seiner Sünden in lässliche, schwere und Todsünden befassen. Während eine Todsünde den Menschen komplett von Gott trennt, ist eine lässliche Sünde etwas, das jedem passieren kann. Eine schwere Sünde hingegen ist eine solche, die schon mehr in Richtung Todsünde geht, aber diesen Level noch nicht komplett erreicht hat.

Um mit der schlimmsten Sünde zu beginnen: Die katholische Kirche spricht von einer Todsünde, wenn ein Mensch wissentlich und in vollem Bewusstsein absichtlich eine Tat begeht, mit der er sich für eine schwere Übertretung der göttlichen Ordnung entscheidet. Dabei muss es sich um eine wichtige Angelegenheit handeln. Fehlt nur einer dieser Punkte, handelt es sich um eine schwere oder gar lässliche Sünde.

Generell gilt die Übertretung eines der zehn Gebote oder der fünf Gebote der katholischen Kirche als schwere Sünde und kann, bei entsprechender Absicht, zur Todsünde werden. Ohne Buße ist die Todsünde gleichbedeutend mit dem Bruch der Verbindung zu Gott, also dem Ausschluss aus der Gemeinschaft mit ihm, was allgemein als »Hölle« bezeichnet wird.

Taufe, Beichte und Krankensalbung führen zur Vergebung der Sünden, wobei bestimmte Voraussetzungen gegeben sein müssen. Denn die ehrliche Reue einer Tat ist unerlässlich.

Die katholische Kirche vertritt die Meinung, dass nur durch die Vermittlung und Worte eines geweihten Priesters im Rahmen der Beichte (alternativ Taufe oder Krankensalbung) Gott schwere Sünden und Todsünden vergibt. Dieser Priester kann auch eine entsprechende Buße auferlegen.

Generell ist das Thema »Sünde« ein sehr schwieriges, denn die Beurteilung einer Sünde und ihre Einstufung ist von einer Vielzahl von Faktoren abhängig.

Zudem geht die Kirche davon aus, dass der Mensch von Geburt an weiterhin mit der Erbsünde belastet ist, heißt, dass die Sünde von Adam und Eva, die zum Ausschluss aus dem Paradies führte, weiterhin von Generation zu Generation weitergegeben wird. Durch den Tod Jesu am Kreuz ist die Vergebung dieser Sünde zwar in der Taufe möglich, denn sonst wäre keine Gemeinschaft mit Gott mehr zu erlangen, jedoch werden ihre Folgen dadurch nicht verhindert. Dies bedeutet, dass der Mensch weiter als sündiger Mensch lebt, der durch die Tat von Adam und Eva ständig Versuchungen ausgesetzt ist, gegen die er ankämpfen muss.

Die Schwierigkeiten eines Gläubigen innerhalb der katholischen Kirche sind also vielfältig, die Möglichkeiten der Verfehlungen unzählig und die Wege zur individuellen Entfaltung sehr begrenzt. Ohne einen geweihten Priester und ein Studium der Regularien erscheint ein Leben, das den Weg zu Gott ebnet, kaum möglich zu sein. Und auch wenn es heute keinen Verkauf von Ablassbriefen mehr gibt, könnte manch einer dieser Zeit fast hinterhertrauern, denn ein simpler Kauf erscheint im Hinblick auf die dargestellten Regeln fast erstrebenswert.

Der Weg zum geweihten Priester

Auch wenn in der heutigen Zeit der Beruf des Priesters in der katholischen Kirche deutlich an Attraktivität verloren hat und der allseits spürbare Priestermangel immer wieder Thema ist, begeben sich immer noch genügend Männer auf diesen Weg.

23 Millionen Katholiken in Deutschland müssen derzeit jährlich mit 60 bis 80 neugeweihten Priestern »klarkommen«. Und das gleich in mehrfacher Hinsicht. Denn dies sind nicht nur zu wenig Priester, um den normalen Kirchenbetrieb aufrecht zu erhalten, es sind zudem junge, unerfahrene und in vielerlei Hinsicht noch Erfahrungen sammelnde Männer, die weder bisher in Führungspositionen gearbeitet, noch das Leben in seinem Facettenreichtum kennengelernt haben. Idealismus ist schön, doch wie man an vielen Ehen sieht, wird dieser oft von der Realität aufgefressen. Der Job eines katholischen Priesters erfordert jedoch, im Gegensatz zum Mittelalter, in der heutigen Zeit wirklich ein Gefühl der Berufung und großen Enthusiasmus. Eine Wochenarbeitszeit, die selten unter 50 Stunden

liegt, kaum freie Wochenenden, hohe Verantwortung, eine Vielzahl an Verwaltungsaufgaben neben der Seelsorge und den Messen, Taufen, Hochzeiten, Beerdigungen und den vielen anderen Kleinigkeiten, die es so gibt.

Nicht zu vergessen den Zölibat, die ständige aufmerksame Beobachtung durch die Gemeinde, ob das Leben auch den hehren Grundsätzen entspricht, und die seelische Belastung durch Schweigegelübde und Seelsorge.

Wer sich als 20-jähriger also dazu entschließt, katholischer Priester zu werden, hat wahrscheinlich keinerlei Vorstellung von der Realität, die ihn erwartet.

Nun sollte man meinen, dass es zu den Pflichten der katholischen Kirche gehört, die Kandidaten des Priesterseminars auf ihre Eignung hin zu prüfen. Doch bei den aktuellen Zahlen und dem Nachwuchsproblem erscheint es einleuchtend, dass eine wirkliche Auswahl von geeigneten Kandidaten ein Luxus ist, den sich diese einfach nicht mehr erlauben kann. Da muss es eher nach dem Motto gehen: »Wir nehmen, was wir kriegen können!«

Wäre man ehrlich, würde man die Kandidaten für das Priesteramt wirklich prüfen und sich erlauben, Bewerber abzulehnen, müsste man nicht nur die theologische Qualifikation prüfen, sondern vor allem die menschliche Reife, das geistliche Leben und schließlich die pastoralpraktische Befähigung. In der Theorie ist dies sicherlich auch so und die Vorgaben des Vatikans bezüglich der Eignungsprüfung von Bewerbern, die dieser zusammen mit der Bischofskonferenz neben dem Ablauf der Ausbildung festlegt, sind streng, die Einhaltung kann man sich jedoch einfach heute nicht mehr leisten. Denn inzwischen reicht es nicht mehr, Gemeinden zusammenzulegen und verstärkt mit Laien zusammenzuarbeiten. Entwickelt sich die Zahl der Neuzugänge weiterhin so, wird die katholische Kirche in absehbarer Zeit über neue Wege nachdenken müssen, zumindest in Europa.

Katholische Priester »lernen« ihre(n) Beruf(ung) in Priesterseminaren, die in den Bistümern eingerichtet sind. Die Ausbildung umfasst in der Regel eine Dauer von acht Jahren, wovon das erste Jahr aus einer Art Praktikum besteht und die letzten beiden vor der Priesterweihe ebenfalls außerhalb des Seminars stattfinden, um das Leben als Priester »vor Ort« kennenzulernen. Die Studenten leben, außer im ersten und den letzten beiden Jahren, im Priesterseminar. Ein typisch studentisches Leben, wie es allgemein bekannt ist, findet hier also nicht statt.

Das Studium im Einzelnen am Beispiel München:

GRUNDLEGUNGSPHASE

Propädeutisches Jahr	Einführung ins geistliche Leben Soziales Praktikum Bibelschule im Heiligen Land Sprachkurse	AUFNAHME INS PRIESTER-SEMINAR
1. Studien-jahr	Leben im Priesterseminar Modularisiertes Studium Theologie an der LMU München (evtl. Philosophie an der Hochschule SJ)	BEGINN DES STUDIUMS

AUFBAUPHASE

2. Studien- jahr	Leben im Priesterseminar Modularisiertes Studium Theologie an der LMU München (evtl. Philosophie an der Hochschule SJ) Pfarr- und Jugendpraktiku m	
3. Studien- jahr	Wohnen in einer anderen Stadt, bevorzugt im Ausland Studium an einer fremden Fakultät oder/und persönlichkeitsbi ldende Erfahrungen	EXTERNITA S

VERTIEFUNGSPHASE

4. Studienja hr	Leben im Priesterseminar Weiterstudium an der Theol. Fakultät Praktikum zur Persönlichkeit des Seelsorgers (Krankenhaus, Beratungsdienst, o.ä.)	
5. Studien- jahr	Leben im Priesterseminar Weiterstudium an der Theol. Fakultät Gemeindeseelsor gepraktikum in einer Pfarrei der Erzdiözese	MAGISTER DER THEOLOGI E

PASTORALKURS

1. Pastoral- kurs- jahr	Leben im Pfarrhaus Seelsorgliche Arbeit in der Pfarrei Ausbildung zu

	Themen der Seelsorge im Priesterseminar Vorbereitung auf die Diakonenweihe	
2. Pastoral-kurs-jahr	Homiletische Ausbildung Religionspädago gische Ausbildung Vorbereitung auf die Priesterweihe[3]	PRIESTE RWEIHE

Ob nach einer solchen Ausbildung davon ausgegangen werden kann, dass ein knapp 30-jähriger, der zölibatär lebt und bisher niemals alleine gelebt hat, für sich selbst sorgen musste oder jemals Personalverantwortung getragen hat, in der Lage ist, sich seelsorgerisch einer Gemeinde anzunehmen, diese spirituell zu leiten und sich gegen eingefahrene Strukturen in einer Gemeinde zu wehren, mag dahingestellt sein. Er soll aber, ohne überhaupt eine Ahnung vom wirklichen

---

[3] http://www.priesterseminar-muenchen.de/priester-werden/ausbildung/

Leben zu haben, der Vermittler zu Gott sein, um die Sakramente spenden zu können.

Man muss schon über einen enormen Glauben verfügen, um der Meinung zu sein, dass diese Ausbildung und eine Weihe ihn dazu befähigen können. Geschweige denn, dass sie ihn genug darauf vorbereitet haben, seine Sexualität und seinen Körper für den Rest seines Lebens zu verleugnen – inklusive eventuell einmal auftretender Gefühle für eine Frau.

Die immer wieder laut werdende Kritik an dieser Ausbildung, der Prüfung zur Befähigung und dem Verfahren des Vatikans hinsichtlich des Zölibats ist, dass Studien belegen, dass besonders unter katholischen Priester die Gefahr, an spezifischen psychischen Erkrankungen zu erkranken, die hierauf zurückzuführen sind, hoch ist. Und dass die Lebensumstände genauso förderlich für eine Verschlechterung sind, wie die psychologische Betreuung schlecht ist.

Denn jeder Psychologe wird bestätigen, dass das Verstecken und Unterdrücken der absolut falsche Weg ist. Doch genau dies ist der Weg, den die katholische Kirche mit schöner Regelmäßigkeit geht: verstecken, verbergen, bestrafen, unterdrücken.

Jeder Gläubige muss selbst wissen, nach welchen Kriterien er entscheidet, welche Person für ein seelsorgerisches Gespräch geeignet ist. Und jeder muss für sich selbst herausfinden, ob seine Verbindung zu Gott über Menschen erfolgt, die wirkliche Gotteserfahrungen wahrscheinlich, zumindest in den ersten Jahren ihrer Tätigkeit, nur aus Büchern kennen.

Zudem wird von keiner Seite bestritten, dass Sakramente auch von evangelischen Priestern hervorragend und genauso effektiv gespendet werden können. Die jedoch weder im Zölibat leben, noch von ihrer Glaubensgemeinschaft einen derartigen Druck erfahren und ein perfektes Leben in Keuschheit leben müssen. Im Gegenteil: Der durchaus »normale« Lebenswandel in einer Partnerschaft bindet die evangelischen Geistlichen mehr in die Gemeinschaft ein, macht sie zugänglicher für ihre Gemeinde und macht sie um ein Vielfaches glaubhafter, wenn sie in der Seelsorge und in Gesprächen mit heiratswilligen Paaren über diese Themen reden.

Weder Glauben noch Liebe oder Empathie kann man innerhalb eines Studiums lernen. Und die Aufrechterhaltung des schönen Scheins nach Außen erfordert Energien, die keiner der Beteiligten auf Dauer in der Lage ist aufzubringen.

Die sich in den ersten Jahrhunderten nach Christus bildende Hierarchie hatte in dieser Zeit, in der die Menschen nur einen rachsüchtige, Opfer fordernden Gott, wenn nicht gleich mehrere davon, kannten, durchaus ihre Berechtigung, weil nur wenige aus erster Hand von Jesus und dem wahren Gott berichten konnten und das System ein vollkommen neues war. In der heutigen Zeit, in der Menschen mit christlichen Werten aufwachsen und auch selbst in der Lage sind, die Bibel zu lesen und zu verstehen, können die Aufgaben eines Priesters nur andere sein. Weigert sich die katholische Kirche weiterhin, diese Entwicklung zu beachten und sich mit den Menschen zu entwickeln, werden diese sich, wie man jetzt schon in leeren Kirchen sehen kann, anderweitig orientieren. Und dabei müssen sie in keinster Weise ein Leben führen, das sich gegen das Wesen Gottes richtet.

Ein erster Schritt hierzu ist es, dass die Wahl der Priester und deren Ausbildung sich den Menschen der heutigen Zeit wieder annähert.

Denn immerhin ist es der Nachwuchs, der den Papst der Zukunft nicht nur wählen, sondern auch stellen wird.

Wer anderen eine Grube gräbt ...

Eine berechtigte und bei logischem Denken auftretende Frage ist definitiv, ob es in unserer heutigen Welt wirklich eine Institution oder Einrichtung geben kann, die es zum Ziel hat, sich selbst abzuschaffen. Und wenn man es für möglich hält, sollte man sich ernsthaft die Frage stellen, ob die katholische Kirche, die rigoros mit Kritikern umgeht und auch nach eigenen Angaben keine religiösen Aspekte in ihrer Wirtschaftspolitik zulässt, wirklich eine solche Einrichtung sein kann. Denn würde sie ihr Ziel erreichen, dass die Welt in Liebe und Nächstenliebe lebt - der Bergpredigt zufolge durch Erreichen von Liebe, Wahrheit, Gewaltlosigkeit,
Besitzverzicht, Gerechtigkeit, Treue, Keuschheit -
wäre ihr Tun und ihre Existenz überflüssig. Deshalb hat sie ein durchaus berechtigtes Interesse daran, dass diese Ziele nicht erreicht werden und die Sakramente, die nur durch sie gespendet werden können, weiterhin benötigt werden. Es wäre sozusagen ihr Ende, wenn die Welt plötzlich gut und glücklich wäre.

In vielerlei Hinsicht versucht der Vatikan, die spirituelle Weiterentwicklung des Menschen zu behindern und das selbstständige Denken zu unterbinden. Sieht man sich nur den Fall Galileis an, bekommt man eine Vorstellung davon, wie lange Prozesse wirklich in den heiligen Hallen dauern können.

Galilei, der offen zu seinen Entdeckungen und Überzeugungen stand, wandte sich 1615 offen vom ptolemäischen Weltbild ab und wurde von einem Inquisitionsgericht dazu verurteilt, seine Theorien nicht weiter zu verbreiten. Schriften wurden auf den Index der katholischen Kirche gesetzt und durften nicht verbreitet, gelesen oder diskutiert werden. Nachdem Galilei aber nicht aufgab, wurde er 1633 erneut vor ein vatikanisches Gericht gebracht, zur Haft, dann zu Hausarrest verurteilt. Und da ein Papst niemals irrt, dauerte es bis 1979, bis Papst Johannes Paul II. endlich eine Kommission einsetzte, um Galilei zu rehabilitieren. Selbst wenn man 1979 schon ziemlich klar erkennen musste, dass die Erde wirklich keine Scheibe ist und sich die Planeten nicht um die Erde drehen, dauerte es dennoch bis 1992, bis Galilei offiziell rehabilitiert wurde. Denn natürlich befand man sich in der Bedrängnis, entweder den Irrtum eines Papstes zugeben zu müssen oder weiterhin zu behaupten, die Sonne würde sich um die Erde drehen.

Diese durchaus üblichen langen Entscheidungsprozesse geben Hoffnung, dass einige Menschen, die heute aufgrund ihrer spirituellen Grundhaltung von der katholischen Kirche wie die damaligen Ketzer behandelt werden, eventuell in einigen Jahrzehnten doch ihr Recht bekommen werden.

So ist es wenig erstaunlich, dass es dicke Nachschlagewerke gibt, in denen alles vermerkt ist, was als »neumodischer Kram« oder Esoterik gilt. Gleich mit der entsprechenden Einordnung in Gut und Böse. Moderne Inquisition eben. Man kann dabei getrost davon ausgehen, dass auch die in der Bibel angekündigte Rückkehr von Jesus erst einmal für absolute Ablehnung sorgen würde. Träte dieser Fall heute ein, könnte die Kirche ihre Einrichtung schließen, der Papst müsste abdanken und alle angesammelte Macht und Anhäufung von Gütern wäre Geschichte. Alleine aus diesem Grund ist davon auszugehen, dass die Kirche sich mit aller Macht gegen Anzeichen und Beweise sträuben würde, die belegten, dass Jesus wirklich

Jesus ist. Wie bei Galilei und den von der Kirche heiliggesprochenen Menschen würde es hunderte von Jahren dauern, bis die Kirche gefahrlos anerkennen könnte, dass doch vielleicht ein Körnchen Wahrheit an der Geschichte ist.

Der Ablauf wäre klar: Jesus kommt auf diese Erde, predigt wie vor 2000 Jahren, legt Hände auf, heilt und spricht von Gottes Liebe, nimmt alle Ausgegrenzten in seine Gemeinschaft auf, verändert Materie und ... wird von der katholischen Kirche umgehend als Scharlatan und Gotteslästerer abgekanzelt. Nach einigen hundert Jahren würde man dann vielleicht erkennen, was man da getan hat, und würde unter Beteuerung, dass alles nur zum Besten der Gläubigen und in reinster Liebe geschehen wäre, zugeben, vielleicht und eventuell einen kleinen Fehler begangen zu haben. Ist man ehrlich, muss man sagen, dass Jesus keine Chance hätte und wahrscheinlich ähnliche Leiden erfahren würde wie vor 2000 Jahren. Die katholische Kirche kann es sich einfach nicht leisten, dass Jesus wirklich irgendwann zurückkehrt. Denn damit wäre sie obsolet.

Während Organisationen und staatliche Einrichtungen eine Checkliste veröffentlicht haben, woran Sekten zu erkennen sind, um die Menschen zu schützen, wird vergleichbar jede spirituelle Weiterentwicklung des Menschen, die nicht vonseiten des Vatikans kommt, sofort rigoros abgelehnt und verdammt. Natürlich unter Vorgabe der Sorge um die katholische Gemeinde.

Sieht man sich die Checkliste an, wird man feststellen, dass es ganz offensichtlich darum geht, den Menschen vor Abhängigkeiten und finanzieller Ausbeutung zu bewahren. (Diese Checkliste wurde von mehreren EKD Sektenbeauftragten und Kultusministerien herausgegeben)

»SEKTEN CHECKLISTE für unbekannte Gruppen

Schon bei einem „JA" sollte man vorsichtig sein und sich außerhalb der Gruppe über sie informieren.

Bei der Gruppe findest du exakt das, was du bisher vergeblich gesucht hast. Sie weiß erstaunlich genau, was dir fehlt.

Schon der erste Kontakt eröffnet dir eine völlig neue Sicht der Dinge.

Das Weltbild der Gruppe ist verblüffend einfach und erklärt jedes Problem.

Es ist schwer, sich ein genaues Bild von der Gruppe zu machen. Du sollst nicht nachdenken und prüfen. Deine neuen Freunde sagen: „Das kann man nicht erklären, das musst Du erleben – komm doch gleich mit in unser Zentrum."

Die Gruppe hat einen Meister, ein Medium, einen Führer oder Guru, der allein im Besitz der ganzen Wahrheit ist.

Die Lehre der Gruppe gilt als einzig echtes, ewig wahres Wissen. Die etablierte Wissenschaft, das rationale Denken, der Verstand werden als Verkopfung, als negativ, satanisch oder unerleuchtet abgelehnt.

Kritik durch Außenstehende wird als Beweis betrachtet, dass die Gruppe Recht hat.

Die Welt treibt auf eine Katastrophe zu, und nur die Gruppe weiß, wie man die Welt retten kann.

Deine Gruppe ist die Elite und die übrige Menschheit ist krank und verloren – solange sie nicht mitmacht beziehungsweise sich retten lässt.

Du sollst möglichst bald Mitglied werden.

Die Gruppe grenzt sich von der übrigen Welt ab, etwa durch Kleidung, Ernährungsvorschriften, eine eigene Sprache, strenge Reglementierung zwischenmenschlicher Beziehungen …

Die Gruppe will, dass du alle alten Beziehungen abbrichst, weil sie deine Entwicklung behindern

Dein Sexualverhalten wird dir exakt vorgeschrieben, etwa Partnerwahl durch die Leitung, Gruppensex oder auch totale Enthaltsamkeit.

Die Gruppe füllt deine gesamte Zeit mit Aufgaben: Vertrieb von Büchern oder Zeitungen, Werben neuer Mitglieder, Besuch von Kursen, Meditation …

Es ist schwer allein zu sein – jemand aus der Gruppe ist immer dabei.

Wenn du zweifelst, wenn sich der versprochene Erfolg nicht einstellt, bist du „selbst schuld", weil du dich angeblich nicht genug einsetzt oder weil du nicht stark genug glaubst.

Die Gruppe verlangt strikte Befolgung ihrer Regeln und Disziplin — als einzigen Weg zur Rettung.«

Es bleibt jedem selbst überlassen, sich seine Gedanken dazu zu machen, wie viele Punkte die katholische Kirche hiervon erfüllt. Auch wenn alleine schon der Gedanke ketzerisch ist, so sollte jeder Mensch das ihm von Gott gegebene Denkvermögen nutzen, um die Einstellungen, Motive und Aussagen der katholischen Kirche zu hinterfragen. Denn die Menschen sind inzwischen aus ihren Kinderschuhen in spiritueller Hinsicht herausgewachsen, sind in der Lage, die Bibel selbstständig zu verstehen und brauchen keinen neuen Fall Galilei. Dementsprechend sind Methoden, Aussagen und Vorgehensweisen, die mindestens 400 Jahre alt sind, in keiner Weise mehr aktuell noch zeitgemäß.

Selbst wenn es für den Vatikan zu recht bedrohlich wirkt, dass eine Evolution wirklich existiert – denn auch die Evolutionstheorie erfuhr eine ähnliche Behandlung wie die Theorien Galileis – so können wir heute nicht mehr die Augen davor verschließen, dass Bildung und geistige und spirituelle Weiterentwicklung dazu geführt haben, dass die Menschen berechtigterweise ganz andere Interessen und Fragen haben als vor Jahrhunderten. Die Weigerung, diese Entwicklung und somit die auftretenden Fragen überhaupt in Erwägung zu ziehen, macht eine katholische Kirche genauso unattraktiv und unglaubwürdig wie die Einstellung, die Erde wäre eine Scheibe.

Abschließend ist zu diesem Thema ein entscheidender Punkt zu nennen, der einer der nach dem Zweiten Vatikanischen Konzil festgelegten Glaubensinhalte von Katholiken ist:

»Sakramente:

Gott schenkt nach katholischer Lehre den Menschen das Heil durch die Sakramente. Die katholische Kirche kennt sieben Sakramente: Taufe, Firmung, Eucharistie, Beichte, Krankensalbung, Weihesakrament und Ehe.

Mit Ausnahme der Taufe, die in Todesgefahr von jedem Menschen, der beabsichtigt, das zu tun, was die Kirche tut, gespendet werden kann, können die Sakramente nur in der und durch die Kirche vermittelt werden.« [4]

Jeder, der die Aussagen Jesu auch nur ansatzweise versteht, dürfte sich die Frage stellen, wo in der Bibel Jesus auch nur erwähnt hat, dass es Beauftragte geben muss, die alleine den Weg zu Gott darstellen. Das Maximum, das er erwähnt, ist, dass er der Weg ist, womit er die von ihm gelebte Liebe meint, was er immer wieder betont.

Bedenkt man dabei noch, dass bestimmte Personengruppen gar nicht berechtigt sind, diese Sakramente zu empfangen, war der Tod von Jesus

---

[4] de.wikipedia.org/wiki/Römisch-katholische_Kirche#Glaubensinhalte

offensichtlich nur für eine elitäre Gruppe bestimmt.

Hier muss nun jeder für sich entscheiden, ob er das glauben kann oder nicht und inwieweit dies dem von Jesus gepredigten Grundsatz der Liebe entspricht.

Wer derartig schnell und ohne ehrliche und genaue Prüfung spirituelle Weiterentwicklungen und Gruppierungen verurteilt, sollte ebenso gelassen mit solchen Gedankengängen umgehen können und sich die Frage gefallen lassen, ob er nicht selbst in bestimmten Bereichen Züge aufweist, die mit Nächstenliebe wenig zu tun haben.

Die Krux mit dem Körper

Liest man sich die Regeln und Gesetze des Vatikans durch, muss der aufmerksame Leser schnell zu der Überzeugung kommen, dass die katholische Kirche mit dem Körper des Menschen auf Kriegsfuß stehen muss.

Keuschheit, Keuschheitsgelübde, Zölibat, Verbot der Selbstbefriedigung, Verbot der Verhütung und sexueller Kontakt nur zur Zeugung von Nachwuchs. Nicht zu vergessen das Glück des Leidens und die Geißelung als probates Mittel der Selbstbestrafung. Ob ein von Pädagogen empfohlenes gesundes Verhältnis zum eigenen Körper hier noch möglich ist, bleibt nur zu hoffen.

Die katholische Kirche beschäftigt sich nicht nur mit dem Thema Keuschheit, sie bezeichnet sie auch als eine Haupttugend des Christentums und liefert genaue Definitionen, was keusch und was unkeusch ist. Dabei fallen Pornografie, außerehelicher Geschlechtsverkehr, Selbstbefriedigung, Prostitution und Homosexualität definitiv unter unkeusches Verhalten. Definiert wird Keuschheit als »… das

Erlernen der freiwilligen Selbstbeherrschung oder auch Enthaltsamkeit im sexuellen Bereich, welche eine Erziehung zur menschlichen Freiheit ist.«[5]

Sie leitet diese Tugend aus dem Verbot des Ehebruchs in den Zehn Geboten sowie aus der Ergänzung Jesu in der Bergpredigt ab: »Wer eine Frau auch nur lüstern ansieht, hat in seinem Herzen schon Ehebruch mit ihr begangen.«[6]

So deutlich, wie man es sich wünschen würde, hat Jesus Keuschheit also nicht definiert. Dennoch wurden die im Bereich der Sexualität geltenden Regeln im Laufe der Jahrhunderte ständig erweitert. Es gab sogar einmal eine Zeit, in der die Kirche über die Positionen während des ehelichen Geschlechtsverkehrs urteilte.

Der Vatikan gibt auch sehr offen zu, dass einige davon ausschließlich eingeführt wurden, um bestimmte unerwünschte Verhaltensweisen zu unterbinden, die dem Ruf der Kirche geschadet hätten. So ist der Zölibat zum Beispiel ständiger Diskussionspunkt, weil sich in der Bibel keinerlei Hinweise darauf finden lassen, dass Ehelosigkeit eine Verpflichtung für Priester sein sollte. Eher das Gegenteil ist der Fall, denn Petrus als »erster

---

[5] http://www.kathpedia.com/index.php/Keuschheit
[6] Matthäus 5, 27-28

Papst« war nachweislich verheiratet. Ganz davon ab, dass die Schöpfungsgeschichte im ersten Buch Mose sehr deutlich davon spricht, dass Gott den von ihm erschaffenen Menschen nicht alleine sehen möchte und ihm den Auftrag erteilt, sich zu vermehren. Es wird sogar sehr deutlich davon gesprochen, dass Sexualität von Gott gewünscht ist, denn er wird in 1. Moses 2, 24 gesagt: »Darum wird ein Mann seinen Vater und seine Mutter verlassen und seiner Frau anhangen, und sie werden sein *ein* Fleisch.«

Wer sich vielleicht noch mit dem Thema Keuschheit und Zölibat anfreunden kann, wird vielleicht schon ein größeres Problem mit dem Verbot der Selbstbefriedigung haben, denn selbst wenn ein Erwachsener sich noch so gerade eben beherrschen kann, kommt es doch nach Einschätzung von Pädagogen und Psychologen fast einer Körperverletzung gleich, seine Kinder dahingehend zu erziehen.

Welche Probleme auch der Klerus im Vatikan mit der Einhaltung von Keuschheit und Zölibat hat, lässt sich übrigens immer wieder in aktuellen Berichten nachlesen. Das normale Kirchenmitglied befindet sich also zumindest in illustrer Gesellschaft.

Während jedoch Ottonormalverbraucher seine Übertretungen in sexuellen Bereichen beichtet, gibt es auch heute noch Orden, in denen die im Mittelalter durchaus gängige Praxis der Selbstgeißelung als Buße weiterhin aktuell ist. Die körperlichen Schäden hierbei stehen außer Frage, werden aber von der katholischen Kirche nicht verhindert. Im Gegenteil: Bis heute gilt diese Form der Buße als geduldet.

Die Frage, die sich dem kritischen Betrachter stellt, ist, warum ein liebender Vater - wie Gott in der Bibel dargestellt wird - einen Menschen erschaffen sollte, der tagein tagaus unter seinem Körper zu leiden haben soll, ja, der sogar das Recht hat, diese Schöpfung willentlich und bewusst zu verletzen. Sicherlich ist es so, dass Gott will, dass wir glücklich sind und Glück bedeutet, dass sich Körper, Geist und Seele in Einklang befinden. Somit wären körperliche Vereinigungen auch nur dann ein Beitrag zum Glücklichsein, wenn Geist und Seele diese Vereinigung ebenfalls wünschen.

Ob man deshalb aber gleich die körperlichen Bedürfnisse unterdrücken und sich sogar dafür bestrafen muss, sei dahingestellt.

Als Teil des Seins und Voraussetzung für die von Jesus geforderte Eigenliebe ist es mit Sicherheit jedoch erforderlich, den eigenen Körper zu kennen, ihn zu akzeptieren und als gleichberechtigten Teil zu Geist und Seele anzusehen. Denn nur in der Ganzheitlichkeit kann Eigenliebe erreicht werden. Wer seine körperlichen Bedürfnisse also unterdrückt, sich für sie vielleicht sogar bestraft, wird im Umkehrschluss nie glücklich sein und das Gebot Jesu erfüllen können. Weder das der Eigen- noch das der Nächstenliebe.

Die Natur der Liebe

Nach den vorangegangenen Kapiteln kommt es erstaunlicherweise nun das erste Mal vor: das Thema LIEBE! Erstaunlich, weil die Liebe die eigentliche Botschaft von Jesus ist. Und das Wesen Gottes. Die allumfassende, bedingungslose Liebe. Und so sollte sie das alleinige Thema einer Kirche sein, die behauptet, in seinem Namen zu handeln.

Warum sie hier ein eigenes Kapitel bekommt, ist einfach: Um in den folgenden Kapiteln mit einer Diskussion über die katholische Kirche, ihre Verfahren und ihre »Christlichkeit« beginnen zu können, muss es eine Definition der von Jesus gemeinten Liebe geben. Das eigentliche Ziel, das es zu erreichen gilt, sollte klar umrissen werden. Nur dann ist eine wirkliche Auseinandersetzung mit dem Vatikan und dessen Gesetzen und Verfahren möglich.

Wir sprechen in der heutigen Zeit schnell von Liebe. Das Reden in Extremen verdrängt immer mehr die Feinheiten und Abstufungen. Wir mögen Dinge nicht mehr einfach nur, wir lieben sie. Wir lehnen sie nicht nur ab, wir hassen sie. Und so ist es kein Wunder, wenn unsere Welt auch immer mehr zu einer Welt der Extreme wird. Denn eine bekannte Weisheit ist richtiger und wichtiger denn je:

Achte auf deine Gedanken, denn sie werden Worte.
Achte auf deine Worte, denn sie werden Handlungen.
Achte auf deine Handlungen, denn sie werden
Gewohnheit.
Achte auf deine Gewohnheiten, denn sie werden dein
Charakter.
Achte auf deinen Charakter, denn er wird dein
Schicksal.

Die Liebe, von der Jesus spricht, ist jedoch eine andere. Es ist die bedingungslose Liebe, die allumfassend ist und aus dem Einzelnen einen Teil des gesamten Universums macht, der mit allen verbunden ist. Es ist eine Liebe, die frei macht.

Doch beginnen wir am Anfang und übersetzen die Geschichte von Adam und Eva:

Alle Seelen, alle Anteile waren in der allumfassenden Liebe, sie waren bei Gott. Hier gab es nur das Sein. Doch um zu erfahren, musste ein Gegenteil erschaffen werden. So wie ein Licht erst in der Dunkelheit sichtbar wird, so können

Erfahrungen nur bei der Existenz des Gegenteils ihres Wesens gemacht werden. Und so entschieden sich die einzelnen Seelen, sich durch Inkarnation von der allumfassenden Liebe zu trennen. Gott gab der Seele somit einen Gegenpart – den Körper -, um eine Dualität zu erschaffen, die erst Erfahrungen ermöglicht. Während die Seele nur die reine Liebe und die Verbundenheit zu allen Seelen und zu Gott, kennt der Körper nur das ICH, die Sorge um die eigene Existenz und das Getrenntsein von anderen.

Die inkarnierte Seele trägt also – auch nach Gottes Willen – beide Anteile in sich.

Die Seele wird nun also immer danach streben, zurück zu ihrem Ursprung zu gelangen, dies auch schon in der Dualität zu schaffen. Und sie wird durch Prägungen und Werte ihren ganz individuellen Herausforderungen dabei begegnen.

Da Gott nach eigener Aussage nur IST, ist er weder rachsüchtig noch ärgerlich, traurig oder strafend. Er IST einfach. Und er lässt der Seele ihren Weg, zu ihm zu finden. Da sich das Wesen der Liebe einer Seele nie ändern wird, der Körper in Form des ständig arbeitenden Gehirns jedoch flexibel ist, kann der Mensch nun entscheiden, auf welche Seite er hört. Sein Ziel und der einzige Weg zum Glück ist jedoch die Authentizität beider Seiten. Somit die Erkenntnis des Gehirns, dass nur der Weg der Liebe Gottes alleine glücklich machen kann. Denn die Seele kann sich als Teil Gottes niemals gegen die Liebe wenden.

Die Herausforderung einer Inkarnation ist es also, alle von Menschen erschaffenen Werte und Prägungen auf den Prüfstand zu stellen und nur noch auf die Seele zu hören. Das bedeutet allerdings nicht, wie so viele Menschen meinen, der absolute Gutmensch zu werden, die eigenen Bedürfnisse zu ignorieren und ein Leben in Enthaltsamkeit und Selbstaufgabe zu führen. Denn die Liebe schließt auch die Liebe zu sich selbst ein.

Oftmals wird Eigenliebe mit Egoismus und Selbstvertrauen verwechselt. Gerade Menschen mit einem hohen Selbstvertrauen sind schnell versucht zu sagen, dass sie sich selber lieben. Doch bedeutet Liebe nicht, sich über alle anderen zu stellen. Auch gibt es niemals eine Entscheidung zwischen Nächsten- und Eigenliebe. Denn Liebe ist Liebe.

Wer liebt, akzeptiert sich und den anderen, wie er ist, hat keine Erwartungen (was Ziele im Leben nicht ausschließt) und lässt die Freiheit zur Entwicklung und Entfaltung. Er verurteilt nicht, sondern beurteilt, und zwar nur nach einem

Kriterium: Handelt er selbst oder der andere aus Liebe oder Angst?

Fälschlicherweise denken die meisten, das Gegenteil der Liebe sei der Hass. Doch Hass braucht vorher ein Gefühl der Liebe, er beinhaltet somit Liebe. Angst hingegen ist frei von Gefühl. Es ist eine reine, unverfälschte Reaktion des Gehirns, die aufgrund ihrer Komplexität als Gefühl wahrgenommen wird.

Angst hat viele Abstufungen und Erscheinungsformen. Die Gier nach Macht und Anerkennung ist in ihrem Ursprung nichts anderes als Angst, ebenso wie der Wunsch nach materieller Sicherheit. Ein Indiz hierfür ist, dass wir nie genug Geld haben können, nie genug Macht und nie genug Einfluss.

Angst hat jedoch durchaus ihre Daseinsberechtigung, wenn es um körperliche Belange geht. So ist es durchaus sinnvoll, wenn unser Körper, ohne eine Entscheidung durch uns abzuwarten, uns vor Feuer zurückschrecken lässt. Lässt uns Angst jedoch unser Wesen verbiegen oder verleugnen und die Liebe missachten, entfernen wir uns von Gott und der allumfassenden Liebe.

Jesus war der erste Mensch, der ein Leben gelebt hat, das von Authentizität bestimmt war. Seine Entscheidungen und Aussagen, sein Tun und sein Wesen zeugten von gelebter bedingungsloser Liebe. Durch die hierdurch geschaffene Rückverbindung zu allen Wesen konnte er die Dinge tun, die als Wunder in der Bibel genannt werden, und hatte die absolute Macht über Materie. Er hat dadurch einen Weg bereitet, den Menschen vorher und auch nachher für unmöglich hielten. Er hat gezeigt, dass ein Leben trotz Dualität in der bedingungslosen Liebe möglich ist. Auch wenn er Angst durchaus kannte, hat er immer die Liebe entscheiden lassen. Und diese Konsequenz hatte er bis zu seinem Tod.

Formen der Liebe bei Jesus sind durchaus sehr unterschiedlich und für viele nicht immer nachvollziehbar. So ist der »Wutanfall« bei den Händlern im Tempel für viele ein Zeichen, dass Jesus »ja doch nur ein Mensch« war. Doch er ist auch hier nicht von seinem gewählten Weg abgewichen. Er hat lediglich entschieden, dass alles, was dort passierte, nichts mit Liebe gemein hatte. Er hat die Lieblosigkeit des Handelns erkannt und sie in Liebe bekämpft. Denn Liebe kann auch Kampf erforderlich machen. Es kommt nur auf die Motivation dahinter an.

Jesus hat aber auch geheilt, über Materie geherrscht und sie verwandelt, die Zukunft gesehen und sein Wissen in sein Handeln mit einbezogen und seinen Körper in vollem Umfang akzeptiert und geliebt. Die Bibel liefert hierfür jede Menge Beispiele.

Er hat auch sehr deutlich gesagt, dass JEDER von uns ihm nachvollfolgen soll und darf, in allen Bereichen und in all seinem Tun. Und er hat uns die klare Botschaft hinterlassen, dass es durch sein Leben und seinen Tod keine Sünde mehr gibt, nichts mehr, was uns auf dem Weg zurück zu Gott, in die allumfassende Liebe, behindert oder uns von ihm trennt. Er hat uns gezeigt, dass es geht, wie es geht und was zu tun ist. Und er hat hierbei keine Einschränkung gemacht.

Wenn all dies Liebe ist, dann dürfen wir davon ausgehen, dass es Gott nicht »ärgert«, wenn wir Fehler machen, »sündigen« oder von der Liebe abweichen. Wir können vertrauen, dass er uns, gleichgültig wie wir sind und was wir tun, wieder in seiner Liebe aufnehmen wird. Wir haben die Freiheit, jede Erfahrung zu machen, die wir machen wollen. Und wir dürfen uns sicher sein, dass wir selbst alles für den direkten Weg zu ihm in unserer Hand halten. Alles andere wäre lieblos und würde dem Wesen des von Jesus dargestellten Gottes nicht entsprechen.

Der Betrug einer hoch entwickelten Gesellschaft

Es gibt Werte, die wir in unserer Gesellschaft nicht infrage stellen. Werte, die uns von Geburt an vermittelt wurden und die wir hinnehmen, ohne uns jemals darüber Gedanken zu machen. Und Änderungen dieser Werte brauchen manchmal Jahrzehnte und Jahrhunderte, bis sie geändert werden können. Zudem sind Änderungen ein meist sehr schmerzhafter Weg für diejenigen, die sie anstoßen.

Niemand hätte zum Beispiel im 16. Jahrhundert infrage gestellt, dass die Erde eine Scheibe ist und sich alles um die Erde dreht. Diejenigen, die eine andere Theorie vertraten, wurden ausgegrenzt, verurteilt, inhaftiert und schmerzhaft bestraft.

Vor einigen Jahren wurden noch Menschen belächelt, die Naturheilverfahren vertrauten, heute führt der Weg zurück zur ganzheitlichen Behandlung und man hat den Einfluss der Psyche auf den Körper erkannt.

Entsprechend unseren Prägungen, die noch aus dem Mittelalter stammen und von Generation zu Generation weitergegeben wurden, ist es ein Tabu, ja, sogar gefährlich für unser Leben, wenn wir die katholische Kirche hinterfragen. Christlich ist gut, christlich ist Kirche und Kirche darf nicht angegriffen werden. Alles, was sich »christlich« nennt, hat somit erst einmal einen positiven Touch.

Der Vatikan hat alles dafür getan, sich diesen Anschein der Unantastbarkeit über die Jahrhunderte zu bewahren. Und tut es auch weiterhin. Und so ist es wenig erstaunlich, wenn Menschen heute in die Kirche gehen und ihr Gehirn scheinbar am Eingang abgeben. Denn betrachtet man die offensichtlichen Ungereimtheiten und Diskrepanzen zwischen Kirche und Bibel, ist es nur dadurch oder durch ein Wunder zu erklären, dass der Vatikan seine Politik bis heute in der Form aufrechterhalten konnte.

Finanzen

Die Finanzpolitik des Vatikans ist mit Sicherheit eines der wichtigsten Themen, wenn es um die Authentizität der Kirche und die Nachfolge Christi geht.

Schon Jesus hat diejenigen verurteilt, die ihr Leben in verschiedene Bereiche teilten, auf der einen Seite knallharte Geschäftsleute waren, auf der anderen in den Tempel gingen und sich als spirituelle Gelehrte ausgaben. Auch nach seiner Aussage kann niemand, auch keine Organisation, sich in verschiedene Bereiche aufteilen. Glaube und Liebe durchdringen alles und dem wahrhaft Liebenden ist es unmöglich, diese Liebe nicht in allen Bereichen seines Lebens zu leben.

Das stellt den hinterfragenden Gläubigen nun vor ein Dilemma: Er sieht eine Kirche, die Jesus angeblich nachfolgt, sich selbst aber in diverse Bereiche aufteilt, wovon nur wenige den Anspruch haben, diesem Grundsatz zu folgen. Im Gegenteil: Der Vatikan gibt sogar klar an, dass religiöse Aspekte keinerlei Einfluss auf seine Finanzpolitik haben dürfen. Man muss sich auch in einem der reichsten Länder der Erde fragen, warum Kirche so handelt, wie sie es tut, wenn sie doch an die Werte des Christentums glaubt.

Wir stehen in vielen deutschen Städten vor scheinbar unlösbaren Problemen. Flüchtlingen fehlen die Unterkünfte, Kindergärten werden geschlossen oder es fehlen zahllose Kindergartenplätze, Obdachlosen fehlt der Schlafplatz und finanziell schlechter gestellten Familien die Möglichkeit, ihren Kindern ein Minimum an kultureller oder sozialer Beteiligung zu bieten. Nebenbei klagen soziale Einrichtungen, auch kirchliche, über fehlende finanzielle Mittel, um ihre Arbeit umfassend durchführen zu können, und gesunde Ernährung ist für viele Menschen, die auf Organisationen wie die Tafeln angewiesen sind, ein Fremdwort. Gerade in ärmeren Familien ist die medizinische Versorgung im Bereich Vorsorge und Zahnersatz ein Luxus, den sie sich einfach nicht leisten können. Der Staat befindet sich in einer Abwärtsspirale, denn immer weniger Beschäftigte führen zu geringeren Steuereinnahmen, wobei zeitgleich die Zahl der Rentner im Vergleich zu beitragszahlenden Versicherten der Rentenversicherung steigt. Soziale Absicherung bewegt sich langsam von einer Selbstverständlichkeit hin zur Unsicherheit.

Feststeht, dass Geldmangel ein immer weiter verbreitetes Problem ist und die Kluft zwischen Arm und Reich stetig größer wird. Nur wenige Unternehmen in Deutschland können sich einer finanziell gesicherten Position erfreuen und sich entspannt und ohne jegliche Anstrengung zurücklehnen. Eines davon ist aber mit Sicherheit die katholische Kirche.

Bedenken wir, was wir über die finanzielle Situation des Vatikans und der katholischen

Kirchen in Deutschland wissen, ist es erstaunlich, dass wir einfach hinnehmen, dass Steuergelder an ein Unternehmen gehen, das eher die Bundesrepublik Deutschland unterstützen könnte als umgekehrt. Kein Mensch kann einem Unternehmen kapitalistisches Denken vorwerfen, wenn es sich als solches offiziell zu erkennen gibt, doch sollte dieses Unternehmen sich dann auch an die vorhandenen Gesetze halten, eine Handelsbilanz vorlegen und zu seiner Einstellung stehen. Man tanzt eben nicht auf zwei Hochzeiten gleichzeitig und würde die katholische Kirche ihre Moralvorstellungen auf ihr eigenes unternehmerisches Handeln anwenden, würde dies dem Staat einige Millionen mehr einbringen.

Die Kirche selbst begründet viele Verhaltensweisen selbst damit, dass sie Arbeitgeber, Unternehmen und Religionsgemeinschaft gleichzeitig ist. Aber gerade die Kirche sollte authentisch sein und ihr Handeln in jedem Bereich den selbst gewählten Werten anpassen, die sie im Übrigen auch jedem ihrer Mitglieder als in jedem Lebensbereich zu lebende Wahrheit verkauft. Und ist dieser Wert »Liebe deinen Nächsten wie dich selbst«, gibt es keinerlei Diskussion darüber, wie mit Geldwerten oder

Immobilien umgegangen werden muss. Jedes einfache Gemeindemitglied erfüllt diese Vorgabe mehr als eine Kirche, die Vermögen anhäuft und ob der Masse an Besitztümern noch nicht einmal ansatzweise in der Lage ist, genaue Werte mitzuteilen. Wobei man ehrlicherweise sagen muss, dass eine Milliarde mehr oder weniger da auch nichts mehr ausmacht.

Es ist definitiv an der Zeit, dass Kirchenmitglieder aufwachen und sich ihrer Verantwortung bewusst werden. Wer seinen Zehnten abgibt, um in Mangel lebende Menschen zu unterstützen, hat ein Anrecht darauf zu erfahren, wohin dieses Geld geht. So wie jeder Steuerzahler im Weltlichen klare Informationen darüber erhalten kann, wie seine Steuern verwendet werden, so muss auch die Kirche sich die Frage gefallen lassen, was sie mit den Milliarden anfängt, die sie jährlich erhält, oder sich alternativ darauf verlassen, dass das vorhandene Vermögen und freiwillige Abgaben der Gemeindemitglieder zur Finanzierung ausreichen werden.

Doch all dies ist eine rein logische und rechtliche Konsequenz. Moralisch gesehen ist das Verhalten weitaus verwerflicher, denn die Diskrepanz zwischen vorgegebenen Werten und Regeln und der Umsetzung in der eigenen Verwaltung zeugt von einem System, das in keinster Weise an das glaubt, was es da predigt.

Leider sind auch Gemeindemitglieder sich selten ihrer Verantwortung bewusst und fordern in Liebe und Respekt die Einhaltung der eigenen Maßstäbe der Kirche ein. Ein paar wenige Rechenaufgaben, die jeder bewältigen kann, würden schon ausreichen, um den Schwindel aufzudecken.

Gehen wir einmal davon aus, dass eine normale Gemeinde, bestehend aus 1000 Mitgliedern, eine Kirche mit einem Pfarrer und einem Diakon hat. Das Gemeindebüro ist in Teilzeit besetzt, der Küster ebenfalls. Die Pfarrkirche ist nicht besonders groß, das Grundstück und das Gebäude gehören der Kirche.

Nun rechnen wir einmal großzügig:

Gehälter inkl. aller Ausgabe: 8000 Euro
Nebenkosten: 1000 Euro
Instandhaltung: 1000 Euro

Wenn wir nun einmal annehmen, dass nur die Hälfte aller Mitglieder berufstätig ist oder Sozialleistungen bezieht und deren durchschnittliches Einkommen 2000 Euro brutto beträgt, würden die Einnahmen bereits 90.000 Euro ausmachen! Machen wir die Gemeinde einfach noch kleiner und halbieren sie, so wären es immer noch 45.000 Euro.

Dennoch spricht die katholische Kirche davon, dass die finanziellen Mittel nicht reichen, um die Gemeinden in ihrer derzeitigen Struktur aufrechterhalten zu können. Gläubige werden vor die vollendete Tatsache gestellt, dass sie bis zur nächsten Kirche 20 Kilometer und mehr fahren müssen, weil ihre Kirche geschlossen wird, und der Pfarrer für ihre Seelsorge zu viel zu tun hat. Und trotzdem zahlen sie fröhlich weiter ihre knapp neun Prozent Kirchensteuer.

Kirchen können nicht repariert werden, für neue Orgeln wird gesammelt, caritative Einrichtungen durch Kollekten (zusätzliche zum Zehnten) unterstützt. Und im Hintergrund unterhalten sich die für Finanzen zuständigen Mitarbeiter darüber, dass in der Kirche niemand mehr wüsste, wohin noch mit dem vielen Geld.

Während eine Rentnerin am Existenzminimum der Bitte ihres Pfarrers nachkommt und zehn Euro für einen guten Zweck spendet, um am Ende in der Kollekte 400 Euro zusammenzubekommen, werden Millionen, ja, Milliarden in der katholischen Kirche von rechts nach links verschoben, um noch mehr Vermögen anzuhäufen. Und niemand sagte etwas, denn die Konsequenz wäre, die Kirchensteuer nicht mehr zu entrichten und aus der katholischen Kirche auszutreten.

Dieses Verfahren sollten sich die Städte und Gemeinden einmal trauen!

Sehen wir uns die Vergütungen an, die Priester erhalten, stellt sich auch hier die Frage, ob und wie weit diese ihre Berechtigung hat. Wer Jesus nachfolgt, muss sicherlich nicht in Armut leben, um glaubhaft zu wirken. Allerdings stellt sich dennoch die Frage, warum ein Priester von seinen Einnahmen für seine ihm zur Verfügung gestellte Wohnung nur einen Spottpreis zahlen muss und zudem noch ein Anrecht auf eine Haushälterin haben sollte. Millionen alleinstehende Männer in Deutschland müssen oder mussten lernen, ihre Wohnung trotz langer Arbeitszeiten und trotz ihrer »Männlichkeit« selbst zu reinigen und sich selbst ihr Essen zu kochen. Und wenn sie es aufgrund ihrer Überstunden nicht können, müssen auch sie von ihrem Gehalt eine Angestellte bezahlen. Geheiratet wird heute aus diesen

Gründen wohl kaum noch, sodass der Zölibat als Grund nicht ausreichend ist.

Sicherlich haben Priester ein Studium absolviert, eine hohe Verantwortung und ungeregelte Arbeitszeiten. Aber kann man nicht erwarten, dass die katholische Kirche in den Zuwendungen, die sie sich selbst gewährt, eine gewisse Vorbildfunktion einnimmt? Hierbei sind die Priester weniger auffällig als Bischöfe und Kardinäle, bei denen man zum Beispiel eher von residieren als von wohnen reden sollte.

Ebenso wichtig bei den Diskussionen über die Finanzpolitik des Vatikans sind dessen Verfahren zur Verwaltung und Vermehrung der vorhandenen Besitztümer. Denn der Vatikan überprüft weder die Geschäftspartner, mit denen er Geschäfte macht, noch die Unternehmen, an denen er beteiligt ist hinsichtlich deren Vereinbarkeit mit dem christlichen Glauben und der Lehre Jesu. Hierbei muss man gar nicht auf die immer wieder aufkommenden Berichte über die Geschäfte des Vatikans mit der Mafia eingehen. Es reicht schon, wenn man die Firmen betrachtet, an denen der Vatikan beteiligt ist oder die ihm gehören. Pharmafirmen, die die »Pille« herstellen, sind hierbei wohl die offensichtlichste Ungereimtheit, denn wer beteiligt sich schon an etwas, von dem er den Wunsch hat, dass es gar nicht mehr existieren möge?

Fakt ist, dass man getrost davon ausgehen kann, dass Jesus, wenn er denn heute auf diese Erde käme, beim Betreten des Vatikans etwas mehr als nur seinen berühmten Wutanfall im Tempel bekäme. Das hat selbst Papst Franziskus inzwischen erkannt, der dazu sagte, dass der Reichtum der katholischen Kirche nicht mit dem Evangelium konform ginge.

Niemand, auch keine katholische Kirche, kann mehreren Göttern gleichzeitig folgen. Und inzwischen bekommt man mehr den Eindruck, dass der Glaube sich der Geldvermehrung unterzuordnen hat als umgekehrt.

Moral

Die Kirche argumentiert bei ihren Entscheidungen immer wieder damit, dass das Leben vieler Menschen bestimmter Regeln bedürfe, damit es funktionieren könne.

Trotzdem muss man sich die Frage stellen, ob es Sinn macht, das Pferd von hinten aufzuzäumen.

Denn nichts anderes ist es, wenn man sich versucht vorzustellen, wie ein Leben in Liebe und Nächstenliebe aussähe, um dann die entsprechenden Regeln aufzustellen, die dafür sorgen, dass jeder sich entsprechend verhält. Doch selbst wenn dem so wäre und jeder Mensch sich an die von der katholischen Kirche aufgestellten Regeln und Gebote hielte, ist zu bezweifeln, dass dabei mehr herauskommen würde als eine leere, aber gut funktionierende Hülle. Ein Roboter ohne Seele. Nur wer die Liebe der Menschen zu sich selbst und dem Nächsten fördert, wird automatisch die gewünschten Ergebnisse erzielen.

Doch wie soll ein Mensch lernen, sich selber als von Gott geliebtes Geschöpf anzusehen, und seinen Nächsten ebenfalls so zu betrachten, wenn er ständig damit konfrontiert wird, dass er »falsch« ist, wie er ist. Sein Körper ein ständiges Ärgernis, seine Bedürfnisse sündig, sein Verhalten von der Erbsünde geprägt, sein Leben eine ständige Versuchung, vom rechten Weg abzuweichen. Gerade Frauen bekommen vermittelt, dass sie noch weniger liebenswert sind, denn sonst wären sie ja gleichberechtigt. Wie soll ein Mensch lieben lernen, wenn er von einer Kirche, an die er glaubt, ständig verurteilt, abgemahnt und zur Buße verurteilt wird?

Gott will, dass der Mensch glücklich ist. Nichts anderes sagt das Alte Testament. Und Jesus spricht von der Fülle, in der Gott den Menschen sehen will. Nicht nur materielle Fülle, sondern auch geistige. Alles ist im Überfluss da. Doch der einzige Faktor, der sich dieser Fülle in den Weg stellt, ist der Mensch selbst, der sich einfach nicht lieben kann, diesen Wunsch Gottes für sich einfach nicht glauben mag. Müsste es da nicht Aufgabe der Kirche sein, ihm dabei behilflich zu sein, dieses Hindernis aus dem Weg zu räumen? Muss es nicht oberste Pflicht der Kirche sein, dem Menschen Liebe beizubringen?

Doch der Vatikan stellt stattdessen Regeln auf, die niemand mehr überblicken kann und deren Einhaltung ohne diese gefühlte Liebe unmöglich ist. Selbst mit ihr würde die Einhaltung wahrscheinlich unmöglich seine, weil viel zu viele einfach auf Angst und nicht auf Liebe basieren.

Der Mensch in seiner Gesamtheit ist ein von Gott erschaffenes Wesen, das dieser liebt. Gott hat nicht zu seiner Bespaßung oder weil er sich gerne ärgern möchte dem Menschen einen Körper gegeben, den dieser soweit es geht verleugnen und unter dem er leiden soll. Selbst Jesus hat lediglich davon gesprochen, dass der Körper den Menschen nicht beherrschen darf. Und so wurde von ihm nicht die Sexualität verurteilt, sondern lediglich die Sexualität ohne Liebe. Möchte man es mit den Worten der Kirche ausdrücken, ist lediglich der Trieb ohne Herz verwerflich, was wiederum der Aussage über die Authentizität des Menschen entspricht. Wie von der katholischen Kirche gerne dargestellt, ist die Sexualität des Menschen generell aber wenig verwerflich. Im Gegenteil: Mit der entsprechenden Liebe wird sie zum Zeichen der Vereinigung zweier Menschen und ist durchaus in ihrem Wesen göttlich.

Generell kann der Weg zur Eigenliebe niemals über Verdrängung funktionieren, sondern nur über Akzeptanz. Ein Grund, warum viele Priester nicht nur unter dem Zölibat leiden, sondern psychisch erkranken, denn das Verbot einer sexuellen Beziehung verbunden mit dem Verbot der Selbstbefriedigung kann nur ignoriert werden oder über Verleugnung des eigenen Wesens erreicht werden. Was erwiesenermaßen zu solchen Erkrankungen führt.

Außerdem gilt auch hier, dass Gott niemals etwas als Geißel der Menschheit installieren würde, denn dann wäre er ein Gott mit einer Eigenschaft, die seiner Natur als allumfassende Liebe und seiner eigenen Aussage »Ich bin ...« widersprechen würde.

Ist man bei diesem Thema angelangt, drängt sich automatisch die Frage auf, was mit Geschiedenen und Homosexuellen in der katholischen Kirche ist.

Kann es wirklich sein, dass ein Mensch nicht das Recht hat, einen Fehler zu machen, in gutem Glauben zu heiraten, um dann festzustellen, dass er nun doch nicht liebt oder nicht geliebt wird? Und das vielleicht bis in die Konsequenz hinein, dass er vom Partner misshandelt wird?

Kann ein liebender Gott wirklich wollen, dass eine solche Ehe Bestand behält? Oder sogar nach dem Satz »Was Gott zusammengefügt hat ...« dafür gesorgt haben, dass zwei Menschen aneinandergekettet sind und leiden?

Eine weitere Frage drängt sich hier geradezu auf: Wie kann eine Kirche es wagen, einem Geschiedenen die Sakramente zu verweigern, von denen sie annimmt, dass sie der einzige Weg zu Gott sind und die nur sie spenden darf? Jesus selbst hat gesagt, dass er der Weg ist und dass demjenigen, der an ihn glaubt, alle Sünden vergeben sind. Selbst wenn ein Mensch also durch Scheidung und Wiederheirat sündig leben würde, könnte er sich sicher sein, dass seine Sünde vergeben werden würde.

Die katholische Kirche handelt auch bewusst gegen eine Aussage Jesu, der, wenn man sich an die Geschichte über die Sünderin erinnert, die gesteinigt werden sollte, ganz klar sagt, dass keiner, auch nicht er, das Recht habe, über einen anderen Menschen zu richten.

Nichts davon bedeutet, dass das Verhalten gutgeheißen werden soll, aber es akzeptiert den Menschen in seiner Dualität, nimmt ihn an, wie er ist, und lässt ihm die Möglichkeit, aus Schmerz zu lernen und sich zu verändern, anstatt ihm das Schild »Game over« vor die Nase zu halten.

Genauso verhält es sich im Übrigen mit dem Zölibat. Ein Mann mag aus tiefster Überzeugung und mit dem festen Entschluss, seine Gelübde einzuhalten, katholischer Priester geworden sein. Doch wenn einem Menschen das große Glück widerfährt, einen anderen bedingungslos und aus tiefstem Herzen lieben zu dürfen, wird Gott dies eher als Belohnung denn als harte Strafe und

Prüfung senden. Kein liebender Vater würde seinem Kind das Glück verwehren, mit der große Liebe glücklich zu werden, nur weil das in bestem Wissen und Gewissen versprochen hat, dies nicht zu tun. Vor allen Dingen dann nicht, wenn er selbst überhaupt nichts davon hätte. Warum sollte Gott dies also tun? Und warum darf sich zudem die katholische Kirche vor einen Gott stellen, dem das Gelübde gegolten hat, und für ihn richten, dem Priester die Vergebung verweigern, für die Jesus gestorben ist, und ihm dann noch durch Exkommunizierung den für den einzigen erklärten Weg zu Gott zu verweigern? Ganz zu schweigen davon, dass dies auch noch ein Grund ist, diesen Menschen, der sich jahrelang voll und ganz dem Kirchendienst verschrieben hat, die weitere Versorgung zu verweigern, wie es jeder normale Arbeitgeber durch Zahlung von Rentenversicherungs- und Arbeitslosengeldversicherungsbeiträgen tun muss.

Homosexuelle sehen sich da in einer ganz ähnlichen Situation. Es mag eine Sache sein, ob man homosexuellen Paaren das Sakrament der Heirat verweigert. Ihnen alle anderen Sakramente ebenfalls zu verwehren, steht in keiner Relation.

Selbst wenn Gott den Menschen vielleicht anders geplant und gewollt haben sollte, was immerhin noch zu klären wäre, steht es keinem Menschen zu, Gott sein weiteres Verfahren abzunehmen. Man überlege sich, dass die Kirche selbst einem Mörder weiterhin das Empfangen der Sakramente zugesteht. Ja, vielleicht fehlt dem Homosexuellen die Reue und der Wille zur Buße, falls seine Homosexualität überhaupt Sünde sein sollte. Aber da von »bewusst« und »Absicht« wohl kaum die Rede sein kann, folglich eine »lässliche« Sünde, ist das Verfahren mehr als fragwürdig. Denn in dem Fall müssten 99,9 Prozent der Kirchenmitglieder von den Sakramenten ausgeschlossen sein.

Jesus hat sich mit Pharisäern, Zöllnern, Huren und Ausgestoßenen umgeben, die katholische Kirche lässt diese in der heutigen Zeit vergleichbaren Gruppen gar nicht erst in ihre Nähe. Ob das christlich ist, mag dahingestellt sein. Liebevoll ist es in jedem Fall nicht. Und wenn Liebe der Maßstab ist, kann das Ausgrenzen von Personengruppen niemals an der Tagesordnung sein. Wer getreu der Weisung »Liebe deinen Nächsten wie dich selbst« handelt, kann niemanden verurteilen oder ausschließen. Und wer nun behauptet, dass die Liebe dem Schutz der treuen Gemeindemitglieder gilt, dem sei gesagt: Liebe ist Liebe und schließt niemals die Liebe zu einem anderen Menschen aus. Niemand wird sich je entscheiden müssen, wen er liebt. Dann wäre es keine Liebe. Und die Ablehnung und Verurteilung eines einzelnen Menschen reißt ein Loch in die allumfassende Liebe, der jeder einzelne angehört und deren Teil er ist.

Wäre die katholische Kirche zumindest ehrlich und würde nicht bewusst die Augen vor dem verschließen, was in ihren Gotteshäusern passiert, könnte man eventuell noch ihre Konsequenz bewundern, doch möchte sie offen gelebte Beziehungen von Priestern, oftmals auch homosexuellen Priestern, lieber ignorieren, weil der Priestermangel sie sonst dazu zwingen würde, etwas zu tun, was dazu führen könnte, dass kaum noch jemand Priester werden will beziehungsweise dass mit einem Schlag mindestens die Hälfte der europäischen Gemeinden ohne geistliche Leitung wären. Nur so ist auch zu erklären, dass das Leid von einer Frau und einem Kind billigend in Kauf genommen und mit einem Scheck gemildert werden soll, wenn einmal mehr ein Priester trotz Zölibat versteckt in einer Beziehung gelebt und ein Kind gezeugt hat.

Und mit »bedauerliche Einzelfälle« lassen sich Vereinigungen wie »Zölibat-Frauen« oder »Vereinigung katholischer Priester und ihrer Frauen« nun wirklich nicht mehr erklären.

Ein weiteres Thema, das mit Sicherheit auch unter dem Oberbegriff »Moral« behandelt werden sollte, vielleicht aber auch gut unter »Ethik« fallen könnte, ist das des Umgangs der katholischen Kirche mit dem physischen Leiden ihrer Mitglieder. So war zum Beispiel vor nicht allzu langer Zeit ein Artikel in »Der Dom«, der Kirchenzeitung des Erzbistums Paderborn, zu lesen, der sich mit diesem Thema befasste. Darin ist zu lesen, dass der Mensch eigentlich gar nicht wirklich glücklich sein kann, es sei denn, er wäre krank. Und je kränker, desto glücklicher. Man lernt aber auch den Grund dafür, nämlich dass alles, was die Bibel uns über Vergebung sagen will, scheinbar Humbug ist, denn Gott strafe mit Krankheit, wenn wir sündigen. Eine einleuchtende Erklärung, die jeder verstehen kann, denn es erklärt, warum jeder Mensch auf die eine oder andere Weise krank ist, denn ohne Sünde ist ja bekanntlich niemand. Trifft dies trotzdem nicht zu, gibt es laut diesem Artikel noch Alternativen: Es könnte sein, dass Gott durch Leiden prüfen will.

Hier drängt sich automatisch die Frage nach der Allwissenheit Gottes auf, der jeden Menschen besser kennt als er sich selbst. Wem das alles noch nicht einleuchtend genug ist, der kann im Notfall eben trotz Leiden einfach glücklich sein, weil er krank ist, oder die dritte Alternative nehmen, die die größte Ehre ist, weil sie dem Menschen eine »besondere Würde« verleiht, dadurch dass dieser Mensch einen Teil des Leidens Christi mittragen darf.

Es ist grauenhaft genug, dass es Menschen gibt, die eher in die Zeit der Ablassbriefe gehören, weil sie dem denkenden und Bibel lesenden Menschen Leid für Glück verkaufen wollen. Dass ein großes Erzbistum so etwas in einer Zeitung veröffentlicht, gehört schon in den Bereich der Körperverletzung und Verdummung von Gläubigen.

Das Ziel eines jeden sollte die Heilung von Krankheiten sein, es als Belohnung und von Gott gewollt zu verkaufen, entbehrt jeder Aussage von Jesus über das Wesen Gottes und seine eigenen Taten. Es widerspricht dem Wesen der Liebe, die laut Jesus der einzige Weg ist. Wie im Mittelalter wird durch solche Aussagen lediglich die Macht der Kirchen durch die Darstellung eines willkürlich handelnden, rachsüchtigen Gott gestärkt, die dann die einzige Zuflucht bieten. Wer allerdings an die Aussagen der Bibel glaubt und für wen Gott ein liebender Vater ist, kann an so etwas kaum glauben. Denn dort steht sehr klar, dass Gott will, dass wir glücklich sind. Das sagt uns zumindest das Alte Testament. Und wer Schmerz als Glück definiert, hat ihn noch nie erlebt. Anstatt die Selbstbestimmung, die Vergebung ALLER Sünden durch die Kreuzigung, den Tod und die Auferstehung Jesu zu predigen, beabsichtigt dieser Artikel, Gläubige in eine Abhängigkeit von der Kirche zu bringen, denn nur die kann nach ihrer eigenen Einschätzung dafür sorgen, dass die Sünden vergeben werden.

Gott ist die allumfassende Liebe. Er hat es nicht nötig, sich zu rächen, zu bestrafen oder Beweise für irgendeinen Glauben zu verlangen. Diese Phase sollten alle mit der Geburt Jesu Christi hinter sich gelassen haben. Denn seitdem zählt nur noch: »Liebe deinen Nächsten wie dich selbst.« Und wer sich selbst liebt, wird authentisch sein und dementsprechend glücklich. Der Körper wird dieses Glück nach außen spiegeln, indem er wundervoll und ohne Probleme seine Aufgaben erfüllt. Es macht keinen Sinn, dass jemand Anteil an Jesu Leiden hat, denn durch ihn wurden ja schon alle Schmerzen ertragen und alle Sünden vergeben. Warum also sollte Gott wollen, dass jemand das noch einmal mitmacht?

Dieses Beispiel verdeutlicht sehr gut, in welcher Abhängigkeit Gläubige gehalten werden. Es zeigt aber auch, dass das logische Denken nicht aufgrund fehlender Intelligenz der Gläubigen, sondern durch ständige Wiederholung der Sündhaftigkeit und Verhinderung einer eigenen Meinung durch Androhung von Bestrafung verhindert wird.

Gott sollte ein Grund zur Freude sein. Schon seit nun mehr als 2000 Jahren ist er kein Gott mehr, vor dem der Mensch Angst haben muss und der Opfer verlangt. Er ist die allumfassende Liebe, zu der der Weg weit offen steht.

Unter den Oberbegriff »Moral« muss aber auch ein Thema fallen, das für jeden Gläubigen so offensichtlich ist, dass es schon verwundert, wie wenig darüber diskutiert wird.

Beschäftigt man sich mit der katholischen Kirchen und den Vorgängen im Vatikan, fällt immer wieder auf, dass sehr offen zugegeben wird, dass nur in Glaubensfragen die Bibel zählt.

In allen anderen Fragen haben religiöse Aspekte keinerlei Einfluss.

Wirtschaft, Finanzen, Umgang mit Gegnern und Kritikern, aber auch Arbeitgeberpolitik und Gesetzgebung sind Bereiche, die so wenig christlich sind, dass man meinen könnte, man wäre in der schlimmsten Diktatur gelandet. Doch was würde man eigentlich von einer Organisation erwarten, die sich als »Gemeinschaft der katholischen Christen« bezeichnet?

Zuerst könnte man wohl meinen, dass Grundsätze wie Barmherzigkeit, Ehrlichkeit, Toleranz, Gleichberechtigung, Wohltätigkeit und noch einige mehr zu deren Leitbild gehören. Doch weit gefehlt. Der Vatikan nutzt undurchsichtige Wege, umgeht Steuerzahlung, womit er sich oft am Rande der Legalität befindet, schöpft jede nur mögliche Bezuschussung und steuerliche Vergünstigung aus und tut alles, um durch Einflussnahme auf Politiker die Umsetzung von Gesetzen zu umgehen, die finanziell wenig vorteilhaft wären. Vom »Zehnten« hat die Finanzverwaltung im Vatikan noch nie etwas gehört. Ja, der Vatikan unterstützt soziale Projekte und finanziert karitative Einrichtungen der Kirche. Doch die würden sich über einen monatlichen

Zuschuss von zehn Prozent der Einnahmen des Vatikans sicher mehr als freuen.

Die vatikaneigenen Banken unterscheiden sich von anderen Banken hinsichtlich ihrer Verfahrensweisen keinesfalls. Zinslose Kredite für Menschen in Not sind auch hier ein Fremdwort. Und die Überprüfung von Geschäftspartnern hinsichtlich ihrer Christlichkeit wäre zwar wünschenswert, würde aber die Einnahmen schmälern. Wie kann es sein, dass Gläubige, die in Form von Steuern ihren Zehnten entrichten, wöchentlich in Kollekten darum gebeten werden, weitere finanzielle Zuschüsse für die Erhaltung kirchlicher Gebäude oder Neuanschaffungen zu leisten? Und wie kann man als christliche Gemeinschaft eigene Mitglieder in Armut versinken lassen, wenn doch Milliarden an Vermögen vorhanden sind? Wie schon erwähnt, würde Jesus bei diesem Anblick wohl mit einem einfachen Wutanfall gar nicht mehr auskommen. Und es kann wohl auch angenommen werden, dass er auf goldene Kelche und Messgewänder im Wert von mehreren tausend Euro keinerlei Wert gelegt hätte, sich aber sehr darüber freuen würde, wenn all dies verkauft werden und das Geld an die Armen gespendet werden würde.

Was »verantwortungsvoller Umgang mit finanziellen Mitteln« genannt wird, gilt der Anhäufung von Reichtümern, einem Ausdruck von Angst, dem Gegner von Liebe.

Auch der Umgang der Kirche mit Arbeitnehmern entspricht kaum christlichen Grundsätzen und in vielen Fällen noch nicht einmal geltenden Gesetzen der einzelnen Länder. Die Kirche nimmt als Arbeitgeber alle steuerlichen Vorteile einer religiösen Gemeinschaft in Anspruch, bekommt Geld für Lehraufträge, die sie im eigenen Sinne übernimmt, erwartet aber, dass offensichtliche Diskriminierungen akzeptiert werden. Nur wer der Gemeinschaft angehört, wird auch beschäftigt. Wer sich offen »unkatholisch« verhält, wird entlassen. Kritik aus den eigenen Reihen wird nicht geduldet.

Dabei ist durchaus verständlich, dass ein Andersgläubiger kaum Menschen im katholischen Glauben unterrichten kann oder die Meinung der katholischen Kirche während seiner beruflichen Tätigkeit glaubhaft vertritt. Geht es aber um Positionen, die inhaltlich mit der katholischen Kirche nichts zu tun, ja, noch nicht einmal Kundenkontakt haben, gibt es keinen erkennbaren

Grund, sich nicht an das in Deutschland geltende Grundgesetz zu halten, das in Artikel 4 besagt: »Die Freiheit des Glaubens, des Gewissens und die Freiheit des religiösen und weltanschaulichen Bekenntnisses sind unverletzlich.«

Nicht zuletzt ist schon alleine die Einrichtung von kirchlichen Gerichten ein Widerspruch in sich, denn die klare Weisung Jesu ist: »Richtet nicht, dann werdet auch ihr nicht gerichtet werden. Verurteilt nicht, dann werdet auch ihr nicht verurteilt werden. Erlasst einander die Schuld, dann wird auch euch die Schuld erlassen werden.« Sicherlich hat es seine Berechtigung, wenn in einer großen Gemeinschaft gemeinsame Regeln erlassen werden, und unzweifelhaft ist auch, dass über den Umgang mit denjenigen entschieden werden muss, die der Gemeinschaft absichtlich schaden. Jedoch ist das geltende Gesetz der katholischen Kirche nicht nur auf gemeinschaftliche Belange ausgerichtet, sondern mischt sich in die Persönlichkeit jedes Individuums ein. Und hier sollte doch wohl eher gelten: » Warum siehst du den Splitter im Auge deines Bruders, aber den Balken in deinem eigenen Auge bemerkst du nicht?«

Zu guter letzt soll in diesem Abschnitt und in diesem Zusammenhang eine Abteilung im Vatikan angesprochen werden, die bisher nur in einem Nebensatz Erwähnung gefunden hat: das Vatikanische Geheimarchiv.

Zwar hat auch der Vatikan inzwischen eingesehen, dass er nicht ewig Dokumente über unrühmliche Entscheidungen und Verhaltensweisen unter Verschluss halten kann, dennoch gilt immer noch die Regel, dass Dokumente, die jünger als 70 Jahre sind, nicht für die Öffentlichkeit zugänglich sind. Eine sehr zum Vorteil der katholischen Kirche gewählte Zeit, denn man kann davon ausgehen, dass die in den Dokumenten genannten Personen sich nach dieser Zeit kaum noch selbst zu den entsprechende Vorfällen äußern können.

Der Vatikan festigt hier die Meinung seiner Kritiker, dass Geheimhaltung und Vertuschung in seinen Mauern in Perfektion beherrscht werden. Sind Fakten für den Vatikan und die katholische Kirche wenig vorteilhaft, werden sie unter den Tisch gekehrt, ignoriert und weggeschlossen.

Papst Franziskus passt sich diesem System erfreulicherweise allerdings wenig an, indem er

Fehler bei seinen Entscheidungen – wie zum Beispiel beim Urteil in einem Missbrauchsskandal – durchaus zugibt. Doch das gut eingespielte und funktionierende System im Vatikan, das selbst die Aussagen des Papstes filtert, um das perfekte Bild der katholischen Kirche nicht zu stören, verhinderte die Ausstrahlung dieser Rede des Papstes über Radio Vatikan und einen Abdruck in der vatikanischen Tageszeitung.

Ob man von einem moralisch vertretbaren Verhalten der Kirche reden kann, wenn Verfahren mit straffällig gewordenen Mitgliedern des Klerus geheim gehalten werden oder Anträge von Priestern auf Dispens zehn und mehr Jahre hinausgezögert werden, Historikern der Zugang zu wichtigen Dokumenten der letzten Jahrzehnte verweigert wird oder Aussagen des Papstes »unterschlagen« werden, kann jeder Gläubige für sich selbst entscheiden.

Spiritualität

Blickt man auf die Geschichte der katholischen Kirche, war es immer so, dass Menschen, die sich in ihrem Glauben weiterentwickelt hatten und dabei eine Meinung vertraten, die die Macht der

Kirche eingeschränkt hätte, rigoros unter Druck, verurteilt, exkommuniziert oder zumindest umgehend ausgegrenzt wurden. Das Regelwerk der katholischen Kirche ist so gestrickt, dass alles, was unangenehm ist, sofort in irgendeiner Form bekämpft werden kann.

Gerade im Bereich der Spiritualität fehlt seitens des Vatikan jegliche Entwicklung. Gläubige sind das Fußvolk, das das zu glauben hat, was es vom Klerus vorgegeben bekommt. Selbst Priester sollten vorsichtig sein, an welchem Fenster sie sich etwas zu weit hinauslehnen.

Doch die Bildung in den letzten Jahrhunderten ist gestiegen, die Menschen treten auch hier nicht auf der Stelle, entwickeln sich, haben Zugang zu allen erforderlichen Informationen, die sie brauchen, um sich ein eigenes Bild über die Bibel, die darin getroffenen Aussagen und auch über ihren eigenen Glauben zu machen.

Waren im Mittelalter die Sorgen der Menschen noch recht einfach, denn es ging ums pure Überleben, um Krankheit und Tod, liefert der Staat, die Wissenschaft und die moderne Medizin heute Antworten auf fast alles. Das in der Schule und später vielleicht Universität vermittelte Wissen bildet die ebenso die Grundlage für die eigenständige Entwicklung von Ideen und Modellen wie die Unterrichtung in wissenschaftlichem Arbeiten. Geistige Themen, an die sich vor ein paar hundert Jahren noch niemand getraut hätte, werden heute bereits von Grundschülern diskutiert.

Trotzdem wird genau diesen Menschen abgesprochen, sich ein eigenständiges Bild von Gott zu machen, in Glaubensfragen selbstständig zu entscheiden und sich spirituell weiterzuentwickeln.

Es ist leicht in der heutigen Zeit, alles mit dem Wort »Esoterik« abzutun. Traut sich jemand, eine alternative Heilmethode zu benutzen, deren Wirkung auf etwas anderem als Materie beruht, ist umgehend ein Aufschrei seitens der Kirche zu vernehmen, dass dies nur Teufelswerk sein kann.

Reiki zum Beispiel, eine jahrhundertealte Methode der Energieübertragung, lehrt den Glauben an die allumfassende Liebe, den Respekt vor allen Lebewesen und wird von vielen Anwendern von Gebeten zu Engeln und Heiligen unterstützt. Die Wirkung ist für Wissenschaftler nicht erklärbar, dennoch so eindeutig positiv feststellbar, dass das wohl bekannteste

Krankenhaus Deutschlands, die Charité in Berlin, sich ihrer bedient. Und auch Schulmediziner nutzen sie immer häufiger.

Dennoch lehnt die katholische Kirche Reiki nicht nur ab, sie verurteilt es und spricht den Anwendern ab, katholisch korrekt zu leben. Sie werden offen diskriminiert.

Ähnlich gelagert ist es bei allen Dingen, die wissenschaftlich nicht belegbar sind und den Menschen unabhängiger von der Kirche machen würden. Kartenlegen, Hellsehen, energetische Arbeit und Gespräche mit Toten: Humbug, Teufelswerk, schlecht, Sünde und Abfall vom rechten Weg.

Erstaunlich hieran ist nur, dass es seit jeher Propheten gab, die in der Bibel hoch geachtet sind. Jesus selbst konnte in die Zukunft sehen, wusste er doch, was ihm passieren und wer ihn verraten würde.

Heilen durch Handauflegung ist auch nichts, was man in der Bibel vergeblich sucht. Ganz zu schweigen von Wunderheilungen an Wallfahrtsorten.

Selbst das Verändern von Materie durch den Willen eines Einzelnen findet man im Neuen Testament.

Warum also sollte dies alles in der heutigen Zeit nicht möglich sein?

Obwohl Jesus ganz klar gesagt hat: »Wahrlich, wahrlich ich sage euch: Wer an mich glaubt, der wird die Werke auch tun, die ich tue, und wird größere als diese tun; denn ich gehe zum Vater. Und was ihr bitten werdet in meinem Namen, das will ich tun, auf dass der Vater geehrt werde in dem Sohne. Was ihr bitten werdet in meinem Namen, das will ich tun.«[7], ist den Katholiken genau das untersagt, wenn sie Mitglied der katholischen Kirchen bleiben wollen.

Weiterhin findet man in der Bibel die Aussage Jesu: »Jesus aber antwortete und sprach zu ihnen: Um eures Unglaubens willen. Denn wahrlich ich sage euch: So ihr Glauben habt wie ein Senfkorn, so mögt ihr sagen zu diesem Berge: Hebe dich von hinnen dorthin! So wird er sich heben; und euch wird nichts unmöglich sein.«[8]

Nun muss man sich zwangsläufig fragen, ob die katholische Kirche einfach ausschließt, dass der

---

[7] Johannes 14,12
[8] Matthäus 17,20

Glaube eines Menschen so stark sein kann, wie Jesus es sagt, oder ob sie diese Sätze einfach ignoriert. Oder ob es vielleicht einfach erforderlich ist, dass mehrere hundert Jahre vergehen, bis man sich sicher sein kann, dass etwas doch keine Gotteslästerung, sondern reinste Wahrheit ist. Denn nichts und niemand kann den Glauben eines Menschen, dessen Stärke und Reinheit beurteilen als Gott selbst. Und was eigentlich ist die Wandlung während einer Messe? Glaubt die katholische Kirche nicht, dass Gott durch den Priester Wasser in das Blut Christi und Brot in den Leib Christi verwandelt?

Doch selbst die Weiterentwicklung des reinen Glaubens, das Führen einer aktiven Beziehung zwischen Gott und dem Menschen ist der katholischen Kirche ein Dorn im Auge. Wie Gott ist, was er verurteilt, was er vergibt und was er richtig findet, kann ein Gläubiger vielleicht selbst herausfinden, wenn er sich mit dem Wesen der Liebe beschäftigt und auf seine Seele hört, gewünscht ist dies aber nicht und wird auch nicht zugegeben. Der Mensch betet zu Gott, Gott hört ihn und entscheidet in seiner göttlichen Allwissenheit, ob er das Gebet erhört oder ein für den Menschen anderer Weg besser ist. Der Mensch wird zum Opfer, fühlt sich zeitweise als Spielball Gottes und soll dabei vertrauen, dass es alles zu seinem Besten ist.

Im Mittelalter hatte diese Art von Glauben durchaus ihre Berechtigung, doch wie schon in der Bibel steht, ist der Mensch ein Kind Gottes, wird erwachsen und selbstständiger. Das ist Evolution. Nichts anderes schildert das Gleichnis vom verlorenen Sohn. Zwei Söhne, die Kinder Gottes, sind vergleichbar mit Seelen. Die eine bleibt bei Gott, die andere inkarniert, um nicht nur zu sein, sondern zu erfahren. Und wenn der Weg trotz aller Schmerzen dann zu Gott zurückführt, ist die Seele wieder bei ihm. Es ist vollkommen unlogisch zu denken, dass Inkarnation gleichzusetzen ist mit einem vorherbestimmten Leben, das aus Leid, Pflicht und Disziplin besteht. Noch viel unlogischer ist, wenn man besonders diese Geschichte betrachtet, dass der Vater Vermittler eingesetzt haben sollte, damit der Sohn in Kontakt zu ihm treten kann, immer wieder seine Anweisungen erhält und gegebenenfalls über diese um Verzeihung bitten kann. Das genaue Gegenteil ist der Fall: Der Vater lässt den Sohn komplett los, lässt ihn seine Erfahrungen machen und nimmt ihn trotz aller Abweichungen vom

Weg und seiner Ignoranz wieder freudestrahlend bei sich auf.

Alleine dies ist ein Thema, dem man sicherlich Bücher widmen könnte. Festzustellen bleibt, dass jegliche Bewegung nach vorne, jede spirituelle Entwicklung in eine Richtung, die nicht den Vorgaben der katholischen Kirche entspricht, geahndet wird. Und nur der Mensch, der sich frei genug machen kann von den ihm seit Kindheit aufgedrückten Ängsten vor einer Exkommunikation oder Ausgrenzung, wird offen eine Diskussion über solche Themen anfangen. Zu deutlich stehen vielen noch Fälle wie Drewermann vor Augen, der als katholischer Priester suspendiert wurde.

Dualität

Die Dualität ist das eigentliche Problem in der katholischen Kirche. Sie wird als das Kreuz des Menschen dargestellt und ist niemals Grund zur Freude. Materie in jeder Form ist Ursache für Übel und Leid. In der logischen Konsequenz ist es für einen gläubigen Menschen unmöglich, mit sich selbst in Einklang zu sein und in Frieden zu leben. Er kann seinen Körper mit seinen Bedürfnissen einfach nicht loswerden, er braucht ein Minimum an Besitz, um überleben zu können, und muss Sexualität nutzen, um sich fortzupflanzen. Bei allen sollte er keine Freude empfinden, denn all dies ist ja schlecht.

Der Mensch befindet sich also konstant in der Situation eines Alkoholikers, dem man am Tag einen Milliliter Wodka gibt, von dem man aber erwartet, dass er trocken bleibt.

Man kann an das Thema von verschiedenen Ausgangspunkten aus herangehen. Dass Gott den Menschen so erschaffen hat und niemals sein Leid, sondern nur sein Glück wollte, ist eine. Eine andere ist, dass Erfahrungen nur in einer Dualität gemacht werden können, der Sinn des Lebens, sich durch Erfahrungen weiterzuentwickeln, also nur dadurch überhaupt erfüllt werden kann. Denn bei Gott IST man einfach nur. Man kann Vergebung, Liebe, Freude und so weiter nicht durch das SEIN in diesen Zuständen erfahren. Nur innerhalb des NICHTSEINS!

Viel wichtiger jedoch ist es, dass Jesus selbst gesagt hat, dass der Mensch sich selbst lieben soll. Er hat den Körper nicht verteufelt, die Liebe nicht eingeschränkt. Er hat den Menschen aufgetragen, sich selbst in ihrer Gesamtheit zu lieben. Und nimmt man als Basis das von Jesus gemeinte Verständnis von Liebe - echter bedingungsloser Liebe, keine Ich-Bezogenheit – führt dies zu einer Akzeptanz aller Bedürfnisse, Gedanken und Gefühle, aller Körperzustände und Körperlichkeiten. Eben weil Liebe es nur erlaubt, dass alle beteiligten Anteiles des Menschen in Einklang miteinander stehen, was ein Gleichgewicht hervorruft zwischen Körper, Geist und Seele.

Das Unterdrücken der körperlichen Bedürfnisse, die Ignoranz des Zusammenspiels von seelischem und körperlichen Schmerz bringt nichts als ein Ungleichgewicht hervor, das Liebe völlig unmöglich macht. Und so ist auch das Anpreisen von körperlichem Leiden, das nur ein Ausdruck des seelischen Schmerzes ist, der völlig falsche Weg, den Jesus niemals gewählt hätte. Er hat Schmerzen geheilt, hat alle Menschen dazu aufgerufen, genug Glauben und Liebe zu haben, um es ihm nachzutun, und hat durch seine Worte und Taten den Geheilten auch innerlich geheilt, sodass er ganzheitlich in der Lage war, einen neuen Weg einzuschlagen.

Wer es den Menschen ermöglichen will, sich selbst zu lieben, sollte wie Jesus einen Weg aufzeigen, jegliche Unterdrückung, ob körperlich oder geistig, zu beenden. Was niemandem nun ein Freibrief sein sollte, sich auf körperlicher Ebene exzessiv auszulassen, denn es gilt immer noch, dass Körper, Geist und Seele eine Einheit bilden, die ein Gleichgewicht braucht.

Wenn ihr nicht werdet wie die Kinder ...

Wir vertrauen bis zu einem gewissen Grad bei der Erziehung unserer Kinder den Kindergärten und Schulen. Morgens geht der Sprössling rein, mittags oder nachmittags kommt er wieder raus. Und auch wenn wir vielleicht nicht zu den sogenannten »Helikoptereltern« gehören, wissen wir doch in den Grundzügen, was unser Nachwuchs da so den ganzen Tag treibt. Aber wenn wir mal ehrlich sind, setzt sich kaum jemand mit den Feinheiten auseinander. Und Religionsunterricht gehört nun einmal auf den Lehrplan.

Auch wenn Staat und Religion inzwischen getrennt sind und es in der Gesellschaft immer salonfähiger wird, konfessionslos zu sein, so gehört die Mehrheit doch der evangelischen oder katholischen Kirche an. Daneben wächst die Zahl der Muslime weiter. Und so wird von frühester Kindheit an dafür gesorgt, dass althergebrachtes Gedankengut immer weitergetragen wird.

Denn was viele Menschen nicht wissen: Wer an einer Schule in Deutschland das Fach Religion unterrichten möchte, kann dies nicht einfach so studieren und dann fröhlich drauflos unterrichten. Für katholischen Religionsunterricht braucht ein Lehrer die offizielle Beauftragung der Kirche. Hierfür gibt er eine verpflichtende Erklärung ab, die am Beispiel NRW wie folgt lautet:

»Ich erkläre mich bereit, den Religionsunterricht in Übereinstimmung mit der Lehre der katholischen Kirche zu erteilen und in meiner persönlichen Lebensführung die Grundsätze der katholischen Kirche zu beachten. Ich versichere, dass ich am Leben dieser Kirche aktiv teilnehme und mich meinen Schülerinnen und Schülern gegenüber dazu bekennen will.«

Den Haken muss man also nicht lange suchen: Es geht im Religionsunterricht darum, die Kinder wie seit Jahr und Tag gemäß den Richtlinien einer Kirche zu erziehen, die weder Gleichberechtigung der Geschlechter anerkennt noch Homosexualität und Scheidung. Man könnte das Motto besser umdrehen und formulieren: » Wenn die Kinder nicht werden wie ihr …« Doch niemand regt sich darüber auf!

Würde in einem anderen Unterrichtsfach ein Lehrer Ähnliches von sich geben, wäre es sehr wahrscheinlich, dass er Thema der nächsten Schulkonferenz wäre. Doch Eltern messen hier mit zweierlei Maß. Wie immer, wenn es um die Kirche geht.

Dabei ist es wichtiger als alles andere, dass gerade Kinder die Werte vermittelt bekommen, die ihre Eltern auch vertreten. Es ist von enormer Bedeutung, dass Kinder Eigenliebe lernen. Sünde, Buße und Schuld eignen sich wenig, um ihnen beizubringen, dass jeder Mensch genau so, wie er ist, gut ist und von Gott geliebt wird.

Leider prüfen nur wenige Eltern den Lehrstoff des Religionsunterrichts und nutzen das Recht, das eigene Kind gegebenenfalls vom Religionsunterricht abzumelden.

Es ist erstaunlich, dass ein Staat, der Religion und Politik so exakt trennt, in diesem Bereich einen derart großen Einfluss der Kirchen zulässt. Noch erstaunlicher ist es allerdings, dass alleine die Notwendigkeit gesehen wird, in der entsprechenden Konfession zu unterrichten, während alle anderen Bereich, die mit moralisch-geistigen Werten zu tun haben, komplett brachliegen.

Lange schon fordern Kritiker des existierenden Schulsystems, dass die Inhalte sich mehr der heutigen Zeit anpassen müssen und es nicht nur auf fachliche Kompetenzen, sondern auch soziale Kompetenzen ankommt. Das einzige Fach, das jedoch in diese Richtung geht und sogar abschlussrelevant ist, ist der Religionsunterricht, der immer noch auf Werten beruht, die im Mittelalter ihren Ursprung haben.

Auch hier sind Eltern gefordert, einmal über die Vereinbarkeit von allgemein gültigen Werten der Gesellschaft und den unterrichteten im Religionsunterricht nachzudenken. Und wenn sie schon vor einem Problem der Vereinbarkeit stehen, wo stehen dann erst ihre Kinder?

Der gläubige Katholik

Die heutigen Gläubigen sind mündige Menschen, die innerhalb der katholischen Kirche gemäß den Anforderungen aufhören, selbstständig zu denken. Es gibt keine Notwendigkeit für Katholiken, sich Gedanken darüber zu machen, was genau sündhaftes Verhalten ist, warum es angeblich falsch ist, warum sie sich so verhalten und wie sie es ändern können. Alles ist klar definiert, klar vorgegeben, keiner hält die Gläubigen zu selbstständigem Denken und Entwickeln eigener Wege und Methoden an. Die Menschen nehmen hin, dass es die zehn Gebote gibt, niemand existiert, der diese wirklich einhalten kann, und selbst wenn dies möglich wäre, die Erbsünde eh alles kaputtmachen würde. Sie sind Sünder und fertig. Selbst die Beichte ist inzwischen überflüssig, weil man ja danach sowieso vor die Tür geht und ohne böse Absicht an der nächsten Ecke wieder etwas falsch machen wird. Sonntags gehen wirklich Kirchentreue in den Gottesdienst, hören – wenn sie Glück haben – eine Predigt über eine biblische Geschichte, die wenig mit ihrem Leben zu tun hat, wenn sie Pech haben eine 15-minütige »Abkanzlung«. Sie zahlen brav ihre Kirchensteuer, weil sie schräg angeguckt werden, wenn sie nicht kirchlich heiraten können oder eine Taufe ihres Kindes unmöglich ist. Und sicher ist ja sicher.

In Europa entbehrt jede Messe Freude. Alles hat still zu sein, ruhig zu sitzen und keinen Mucks von sich zu geben. Was vom Priester erzählt wird, ist generell richtig, weil der Papst ja fehlerlos ist und der Priester immerhin von diesem beauftragt wurde. Und am Ende des Tages kann man ja auch nicht mit ihm diskutieren, weil man ja sowieso kein Studium der Theologie vorweisen kann.

Wahre Katholiken halten die Fastenzeiten ein, essen freitags kein Fleisch und gehen einmal die Woche in die Kirche.

Ein lebloser Glaube, der aus Vorschriften und Regeln besteht und Gebeten, die ja sowieso nie erfüllt werden.

Sieht man sich außerdem noch die Laien in der Kirche an, die sich engagieren, findet man nur wenige, die dies wirklich tun, um den Glauben zu verbreiten. Welche Begeisterungsstürme kann auch schon jemand auslösen, der nichts anderes vorzuweisen hat als die Liebe eines Gottes, die ihn selbst noch nicht einmal ansatzweise berührt hat?

Die katholische Kirche verspricht Geschäftsleuten eine sichere Einnahmequelle durch stetige Aufträge, die sie zu vergeben hat. Ein guter Grund, sich in diversen Gremien zu engagieren. Und die meisten Gruppen treffen sich und organisieren zahlreiche Veranstaltungen, die sie aber in ihrer Beziehung zu Gott kaum weiterbringen. Fremden gegenüber, die eigentliche Zielgruppe sein sollten, ist man vorsichtig und Andersgläubige geht man lieber aus dem Weg.

Nicht alle Menschen sind so, doch es ist die Mehrheit, die hier das Bild prägt.

Wie auch in der kleinsten Einheit, der Familie, ist es auch in der katholischen Kirche so, dass der Fisch vom Kopf her stinkt. So wie Kinder ihre Eltern kopieren, so übernehmen Gläubige das ihnen vorgelebte System. Und am Ende geht es keinem mehr darum, den Weg zu gehen, für den Jesus gestorben ist.

Es gibt viele Fragen, die man sich stellen sollte, wenn man von sich behauptet, ein guter Katholik zu sein. Interessiert es Gott wirklich, ob ich faste? Auf Fleisch verzichte, aber am nächsten Tag wieder richtig zuschlage? Interessiert es Gott, ob ich sonntags in die Kirche gehe und über die nächsten Termine nachdenke? Will er, dass ich mich schuldig fühle, dass ich in dem Bewusstsein lebe, ein Sünder zu sein? Dass ich ihn bombardiere mit Bitten, um deren Erfüllung ich mich selbst nicht im Geringsten kümmere? Dass ich ihm die Verantwortung dafür zuschiebe, dass es mir schlecht geht oder es vielleicht sogar aus Auszeichnung durch ihn empfinde?

Und all das nur, weil ich vielleicht nicht an mir selber arbeiten möchte, Angst vor Ausgrenzung habe und es generell einfach ist, Gott für alles die Verantwortung zu überlassen.

Vielleicht ist ein Grund auch nur die europäische Erziehung hin zu Christen, die entweder katholisch oder evangelisch sind. Werte und Prägungen, die von Generation zu Generation weitergegeben und nie hinterfragt werden, weil sie selbst von der Politik genutzt und unterstützt werden. Doch am Ende wird nicht die katholische Kirche vor dem von ihr propagierten Jüngsten Gericht stehen, sondern jeder Einzelne, der sich dann nicht darauf berufen kann, dass er nur einem Papst gefolgt ist, der von sich meinte, unfehlbar zu sein.

Die Vision

Jahrelang hat man den Menschen aus einem Machtbedürfnis heraus den Zugang zu spiritueller Weiterentwicklung verweigert. Seit dem Mittelalter hat sich eine Gruppe von Menschen zwischen Gott und jeden Einzelnen gestellt, deren Motivation nicht den in der Bibel genannten Werten entspricht.

Die Welt ist aus dem Gleichgewicht geraten, denn der Mensch hat sich auf die Entwicklung im Bereich der Materie beschränkt, hat alles erforscht und kennt seinen Körper bis in die kleinste Zelle. Und während er in diesem Bereich auf einem Level weit oben schwebt, befindet er sich im feinstofflichen und energetischen Bereich in den Kinderschuhen.

Dies spiegelt auch unsere Gesellschaft. In ihr erkennen wir, dass die Bestrebungen vor allem der katholischen Kirche genau das Gegenteil von Liebe und Nächstenliebe zur Folge haben: Die Menschen haben nur noch einen allseits anerkannten Wert, und das ist das Materielle. »Mein Haus, mein Sportwagen, meine Jacht, mein Kontoauszug ...« Schneidet man den Menschen ihre Beziehung zu Gott ab, stellt man sich dazwischen, fehlt der

Ausgleich zum ständigen Streben des Kopfes, immer noch mehr Sicherheit anzuhäufen und die Angst zu bekämpfen. Fehlt die Freiheit, sich so zu entwickeln, wie es das Herz vorgibt, stirbt nicht nur die Seele, sondern der Körper mit ihr.

Jeder Bürger eines Landes weiß, dass Regierungen Fehler machen, oftmals nicht wissen, wie das Leben der Bürger wirklich aussieht, und zudem Entscheidungen treffen, die vielleicht diplomatisch sind, jedoch wenig dem Willen des Volkes entsprechen. Und die Bürger wissen, dass sie diejenigen sind, die durch Wahlen ihre Vertreter wählen, dass sie auf die Straße gehen und für ihre Rechte eintreten können und - wie vor nicht allzu langer Zeit in den nordafrikanischen Staaten gesehen – Systeme revolutionieren können. Sie durchdenken Themen, kommen so zu Meinungen, die sie nach außen hin vertreten und von denen sie überzeugt sind, und stehen dann für ihre Meinung ein. Außer wenn es um Religion geht!

Warum tun dies Mitglieder einer Kirchengemeinschaft nicht?

Jesus hat nur eine einzige Regel aufgestellt, die sein ganzes Leben, seine ganzen Werke und seinen Tod sowie seine Auferstehung durchzogen hat. Es war keine Regel, es war eine Lebenseinstellung, die vollkommene Hingabe an Gott in Form von bedingungsloser Liebe. Und er hat es zusammengefasst in »Liebe deinen Nächsten wie dich selbst«. Er hat nicht gesagt, dass wir nur einen Teil von uns lieben sollen. Er selbst hätte Liebe nicht leben können, hätte er sich selbst nicht in seiner Gesamtheit geliebt. Er hat auch nicht nur »Liebe deinen Nächsten« gesagt, sondern ganz klar die Eigenliebe als Voraussetzung für die Nächstenliebe genannt. Und er hat mit keiner Silbe erwähnt, dass von der Vergebung der Sünden irgendeine Sünde ausgeschlossen ist oder es besonderer Wege dafür bedarf. Nur das Streben nach Einhaltung dieser einen Regel.

Jesus hat alles abgelehnt, was nicht aus Liebe geschah, vor allem das Streben nach Macht und Reichtum, weil dem das Gegenteil der Liebe, nämlich die Angst zugrunde liegt. Er hat auch das in Liebe getan und gezeigt, dass Liebe Kampf bedeuten kann. Und er hat so verdeutlicht, dass es auf die innere Einstellung ankommt, die wir bei unseren Taten haben. Ob wir sie aus Liebe oder aus Angst tun, ist das Entscheidende.

Eine Kirche, die Jesus nachfolgen will, kann aus diesem Satz kein Regelwerk machen. Denn Liebe ist ein Gefühl, das sich durch keine Regel dieser Welt vorschreiben lässt. Regeln können Menschen vielleicht dazu bringen, so zu tun als ob. Doch wer, wenn nicht Gott, wird wahre und gefühlte Liebe von einem erzwungenen Gebilde unterscheiden können?

Es kann also nur der Zweck einer Christengemeinschaft sein, Menschen dazu zu bringen, sich selbst und als Konsequenz daraus alle anderen Menschen, mit denen sie sowieso verbunden sind, zu lieben. Dies ist die Reihenfolge, die Jesus bestimmt hat, und die in der Konsequenz dann zur Erfüllung der Zehn Gebote führt, denn nur dann kann eintreten, was Gott Moses gesagt hat: »Ich bin der Herr, dein Gott, deshalb wirst du nicht ...«

Und wer Jesus nachfolgen will, wird genau wie er in Liebe und Respekt gegen alles kämpfen, was unter dem Deckmantel der christlichen Liebe um Macht und Reichtum bemüht ist.

Diejenigen, die Gott über die katholische Kirche stellen, sind also aufgefordert, sich selbst von der bedrückenden Last eines sündigen, wenig liebenswerten Selbstbildes zu befreien, um sich als Schöpfung Gottes und als Teil der allumfassenden Liebe selbst zu sehen und zu lieben, damit sie andere lieben können. Es geht nicht darum, sich ständig zu sagen, dass man selbst unwürdig ist und das, was Gott durch Jesus getan hat, so unermesslich viel ist, dass man selbst vor nie wiedergutzumachender Schuld im Boden versinkt. Wer Kinder hat, wird nachvollziehen können, dass Eltern dies niemals wollen würden. Genauso wenig, wie Gott als der Vater, den uns Jesus beschreibt, dies von uns will. Dankbarkeit und Wertschätzung haben wenig mit Selbsterniedrigung zu tun.

Das wirklich Einzige, was der Mensch tun kann, um Gott wirklich gebührend zu ehren, ist, sich selbst zu lieben und sich dadurch seinem Wesen zu nähern. Und alles, was einer Schöpfung Gottes vermitteln will, dass sie etwas anderes tun sollte oder es nur einen von Menschen vorgegebenen Weg dahin gibt, sollte die Bibel noch einmal von vorne lesen.

Jesus selbst hat gesagt, dass jeder Mensch nur durch seine Nachfolge zur allumfassenden Liebe gelangen kann. Er hat jedem Einzelnen die Vollmacht gegeben, in Liebe alles zu vollbringen, was er selbst vollbracht hat, und er hat erklärt, dass die Liebe und das Vertrauen in sie über Materie siegt, sogar über sie bestimmt. Selbst wenn er nicht so deutlich den Satz »Eher geht ein Kamel durch ein Nadelöhr ...« formuliert hätte, wäre klar, wie er auf eine katholische Kirche heute reagieren würde, die neben dem Streben nach immer mehr Reichtum ihre Macht durch die Einschränkungen ihrer Mitglieder weiter zu stärken versucht.

Jedem Menschen steht sein eigener Weg zu. Jeder macht seine eigenen Erfahrungen im Leben und ist ein Individuum, das einzigartig ist. Für manche Menschen mag es vollkommen ausreichend sein, in dieser Form fremdbestimmt und eingeschränkt zu werden, denn es erfordert nur wenig Kraft und noch weniger Energie, als die Verantwortung für sich selbst zu übernehmen.

Doch wer sich selbst ungern fremdbestimmt und in der Opferrolle sieht, sollte es als seine Pflicht ansehen, ein System zu hinterfragen, das so offensichtlich seine eigene Grundlage missachtet.

Es ist das gute Recht eines jeden Katholiken, über die Verwendung finanzieller Mittel informiert zu sein. Und es ist das Recht eines jeden denkenden Menschen, Regeln auf ihre Sinnhaftigkeit und Übereinstimmung mit den eigenen Werten hin zu prüfen und darüber zu diskutieren.

Die katholische Kirche muss sich selbst auf die von ihr propagierten Werte besinnen. Es ist unerlässlich, dass eine christliche Organisation einen Unterschied in der Welt ausmacht, dass sie mit gutem Beispiel vorangeht und zeigt, wie eine Welt der Liebe und Nächstenliebe aussehen kann. Das beginnt beim respektvollen und wertschätzenden Umgang mit den eigenen Angestellten und reicht bis zu Verhaltensweisen als Finanzimperium. Will die Kirche eben nicht wie alle anderen sein, muss sie beginnen, wie Jesus jeden Menschen aufzunehmen und willkommen zu heißen. Sie wird sich über jedes Mitglied einer Randgruppe freuen und keinen Unterschied zwischen Männern und Frauen machen. So wie Jesus Maria Magdalena als Apostel aufgenommen hat, so muss auch eine Kirche Frauen aufnehmen.

Sie wird keine Hierarchien pflegen, um ihre Macht auszubauen, sondern Helfer und

Unterstützer der Menschen auf dem Weg zur Eigenliebe installieren, Seelsorger, die nicht Vermittler zu Gott sind, sondern den Menschen den Weg weisen, wie sie in ihrer Ganzheitlichkeit zu Glück gelangen.

Messen werden kein Ort der Stille mehr sein, wo ein Mensch redet, während die anderen schweigen. Und neues Gedankengut und neue spirituelle Entwicklungen werden nicht mehr als Bedrohung, sondern als Chance gesehen werden, endlich all die Wunder selbst zu vollbringen, die Jesus vollbracht hat und von denen er gesagt hat, dass sie jeder Mensch vollbringen kann.

Die Gelder der Gemeinschaft werden nicht mehr von einigen wenigen verwaltet und dazu genutzt, den Reichtum weiter zu steigern, sondern den Menschen wird gezeigt, dass Gott dafür sorgt, dass immer alles in ausreichendem Maße vorhanden ist und ein Leben in Fülle ohne ständige Sorge und weitere Steigerung der Sicherheit möglich ist.

Stellen wir uns einfach nur bei jedem Gang in die Kirche vor, Jesus würde diese nun ebenfalls betreten und sehen, wie viel von seinen Worten umgesetzt worden ist. Und dann sollte sich jeder die Frage stellen: Was würde er jetzt tun?